新潮新書

溝口 敦

MIZOGUCHI Atsushi

暴力団

434

新潮社

まえがき

暴力団は今曲がり角にいます。このまま存続できるのか、それとも大きく体質を変えて生き残りを図るのか。

ちょっと物の分かった暴力団の組員なら、ほとんど悲観的な見通しを語ります。

「お先真っ暗！」「将来性はゼロとちがいます？」

こういう見通しを持つのは当然のことです。暴力団の末端組員は、一般人が苦しい以上に、生活が苦しいのです。民間アパートを借りられず、車の中で寝泊まりしているホームレス一歩手前の組員さえいます。

なぜアパートを借りられないのかといえばお金がないからですが、もう一つ全国で暴力団排除条例が施行され、暴力団は新しく繁華街で組事務所を開けなくなりました。条例に前後して、警察による行政指導が強まり、組事務所ばかりか、民間アパートでも保証人がなくては賃借することが難しくなりました。「暴力団の組員でない」に○《マル》をつけさせる書式も差し出さなければなりません。

新しく東京に出てきた組員などでは近くに知り合いもいないので、住まいを確保することさえ容易ではないのです。

加えて、組に入ってくる若者が目に見えて減ってきています。若者にとって魅力がない組織は早晩衰えます。暴力団に入ってもうま味がなく、贅沢な生活を送れなくなり、若者を吸引できなくなったのです。

おまけに警察庁は、「暴力団の代表選手」というべき山口組を目の仇《かたき》にしています。同組のナンバーツーは恐喝の現場に居合わせず、ただ傘下《さんか》の者が「お金はナンバーツーに届ける」と言ったぐらいで、恐喝で警察に逮捕されました。恐喝の共謀共同正犯ということでしょうか。部下が恐喝すれば、社長も恐喝で逮捕されるのと同じです。

警察のやり方はちょっと乱暴だなと思いますが、このことを批判する意見はどこからも出てきません。

暴力団は社会的に孤立しているのです。このたびの東日本大震災では傘下の右翼団体などを通じて、被災地の義援活動なども陰では行っているようですが、そのことにより暴力団を有用とするような意見はゼロなのです。

なにしろ暴力団上層部の人も無げな振る舞いは目に余ります。

山口組トップの組長が、二〇一一年四月に府中刑務所を出て神戸に帰るときには、東海道新幹線のグリーン車両一両丸ごとの座席を買い切りました。座席がすべて組関係者で埋まったわけではなく、単に組長を護衛するだけのためです。

また、山口組のナンバーツーが新幹線のグリーン席を利用して移動するときにも、一車両のうち八座席を買い占めます。車両の出口二カ所に二席ずつ、ナンバーツーの周りの席三席をガードするため組員で固めるからです。目的の駅に着くと、ホームには予め《あらかじ》入場券で入った組員たち三〇人ほどが待ち受け、ナンバーツーが車両から降りるドアの前、両側を人垣で囲んでガードします。

さすがに今は、護衛する組員たちは拳銃を持っていないはずです。もし持っていると、拳銃不法所持の共謀共同正犯で、ボディガードと一緒に、護衛される上層部も逮捕され、有罪判決を受ける判例が確立されているからです。拳銃でガードされて利益を受けるのは上層部ですから、ガードされる者が不法所持に問われるのは当然かもしれません。

一人が単に移動するためだけに、これほどの人手と経費をかける暴力団の上層部っていったい何なんだ、と世間の人は思うにちがいありません。そんなに命が惜《お》しいのなら、最初から暴力団になど入らなければよかったのに……とも思うでしょう。

民間の組織でこれほど首脳部のガードに経費と人手をかけられるのは暴力団のほか、宗教団体があるだけです。

暴力団の上が上ですから、警察が多少やり過ぎの捜査や逮捕を強行しても、警察庁詰めの記者やメディアは批判がましいことは何も言いませんし、書きません。いわば、身から出たサビですから、暴力団は冷淡な世論を甘受するしかないのかもしれません。

しかし、現実には暴力団の実態を知る人が少ないことも事実です。江戸期や明治期の俠客《きょうかく》、ヤクザのたぐいを知っている人でも、今現在、暴力団がどうなっているのかについては知るところが少ないと思います。暴力団は徐々に変化しています。バブル経済期に景気のよかった暴力団は今、相当な様変わりをしています。同じように暴力団を取り巻く環境も刻々と変化しています。

近い将来、暴力団は零落《れいらく》して四散し、いくつもの小さな組織犯罪集団に、つまりマフィア化への道をたどるだろうと思われます。すでにその変化の兆《きざ》しは見え始めています。実際にマフィア化を自ら覚悟し、それを明言する暴力団幹部も増えています。

本書では、今の暴力団について、誰にでも分かりやすいよう、やさしく書くことを心掛けました。暴力団を美化せず、ことさら意地悪に書いてもいません。警察の言い分を自分の言い分にするような書き方もしていません。客観的に素直に書いたつもりです。

暴力団の入門書といっては誤解を招きますが、暴力団のあらかたについては本書を読むことで、一般の方々にも理解できるにちがいありません。

とりわけ怖いもの見たさの読者は大歓迎です。

（本文中、敬称略）

暴力団＊目次

第一章　暴力団とは何か？

ヤクザと暴力団員

暴力団とはどういうものかは法律で定義されています。「暴力団対策法」（暴力団員による不当な行為の防止等に関する法律）という法律の中に書かれているのですが、それは後回しにして、ふつうはヤクザといわれる人たちが暴力団と受け取られています。

暴力団の多くは背中や腕に刺青《いれずみ》を入れていたり、小指や薬指の先がなかったり、坊主頭だったり、外見からもちょっと怖いような雰囲気を漂わせている人が多いようです。もちろん、ふつうの人とまるきり同じで、外見からでは区別がつかない暴力団も大勢います。

ヤクザという言葉は別に褒《ほ》めた言葉ではなく、むしろ暴力団が自分たちを卑下《ひげ》して使う言葉なのですが、テレビや新聞などでは使いたがらず、出演者などが「ヤクザ」と言うと、「暴力団です」と訂正したりします。

一つの語源説にすぎないのですが、花札にオイチョカブという遊びがあります。その遊びでは札の合計が一〇や二〇になると、ブタといって勝負になりません。「ヤ（八）＋ク（九）＋ザ（三）＝二〇」ですから、これはブタで、どうしようもない手です。ここから、自分たちはどうしようもない世間の持て余し者だ、というので、「ヤクザ」と名乗るようになったという説があるのです。

暴力団という言葉は暴力団という組織と、暴力団のメンバーという両方の意味で使います。メンバーについては暴力団員という言い方もありますし、暴力団の構成員（別に準構成員もいます）、組員という呼び方もあります。みな同じ意味です。

さて、「暴力団対策法」をみてみましょう。その第二条二号にこう記されています。

「暴力団　その団体の構成員（その団体の構成団体の構成員を含む。）が集団的に又は常習的に暴力的不法行為等を行うことを助長するおそれがある団体をいう」

これが暴力団の定義です。実際に暴力を使ったり、暴力を使うぞと脅したり、彼らと向き合った人が「こいつらは暴力を使うかもしれない」と想像して怯えたりするから、暴力団というわけです。暴力団と暴力は切っても切れない関係にあります。

カッコの中はどういう意味なのか、と思うかもしれません。

これはAという親分が暴力団の組（A組）を持っていて、その中にBという子分がいたとします。その子分Bがまた自分の組（B組）を持っているとします。その中にCという子分がいて、Cもまた自分の組（C組）を持っているとして、Dという子分を所属させて……。

というように、暴力団の組織はいくつものピラミッドが積み重なっているような組織が多いのです。大きい組織の場合は一番上の一次団体から最末端の五次団体までありま す。だから暴力団対策法の第二条二号は、特に断らなくても上から下まで全部暴力団の構成員ですよ、という意味になります。

「暴力団対策法」はほとんど全国の暴力団を、この法に基づいて指定しています。これを「指定暴力団」というのですが、二〇一一年現在、二二団体が指定されています。

二二の指定暴力団

どういう暴力団が指定されるのでしょうか。これは同法の第三条に書いてあります。

法律の言葉はややこしくて分かりにくいので簡略化しますと、

――まず、ある暴力団の組員がその暴力団の威力を利用して、生計の維持、財産の形成、または事業の遂行のための資金を得ることができるようにするため、その暴力団の威力を組員に利用させ、またはその暴力団の威力の組員による利用を容認することを実質上の目的とするものと認められること――。

これでもまだ分かりにくいかもしれませんが、おおよそこんなものだと見当がつく程度で結構です。指定暴力団の要件はまだあり、暴力団幹部の犯罪歴の保有割合と、暴力団トップの統制下に階層的に構成された団体であること（つまり前記のピラミッドの積み重なりです）の三つで指定されています。

具体的にどういう暴力団が指定暴力団かというと、次頁に挙げる二二の団体です。これで全暴力団組員数（約三万六〇〇〇人）の九六・一％をカバーしているそうです（警察庁『平成二二年の暴力団情勢』）。カッコの中は本部の所在地、代表者の通り名（通称）と本名、次が準構成員を含まない構成員だけの人数です。

通り名は「稼業名」ともいいます。自ら名乗るペンネームと同じですが、暴力団の場合は何かとメディアに名が出がちです。犯罪で本名が出ては家族や親戚が肩身の狭い思いをするでしょう。通り名の需要は高いのです。

【指定暴力団二三団体】

○六代目山口組（神戸市、司忍＝篠田建市、一万七三〇〇人）
○稲川会（東京・港区、清田次郎＝辛炳圭、四五〇〇人）
○住吉会（東京・港区、西口茂男、五九〇〇人）
○四代目工藤會（北九州市、野村悟、六三〇人）
○四代目旭琉会（那覇市、花城松一、二一〇人）
○沖縄旭琉会（那覇市、富永清、三〇〇人）
○六代目会津小鉄会（京都市、馬場美次、四一〇人）
○五代目共政会（広島市、守屋輯、二八〇人）
○七代目合田一家（下関市、末広誠＝金教煥、一六〇人）
○四代目小桜一家（鹿児島市、平岡喜榮、一〇〇人）
○四代目浅野組（笠岡市、森田文靖、一三〇人）
○道仁会（久留米市、小林哲治、八五〇人）

○二代目親和会（高松市、吉良博文、六〇人）
○双愛会（市原市、塩島正則、二三〇人）
○三代目俠道会（尾道市、池澤望＝渡邊望、一七〇人）
○太州会（田川市、日高博、一八〇人）
○八代目酒梅組（大阪市・西成区、南喜雅＝南與一、八〇人）
○極東会（東京・豊島区、松山眞一＝曺圭化、一一〇〇人）
○二代目東組（大阪市・西成区、滝本博司、一八〇人）
○松葉会（東京・台東区、荻野義朗、一二〇〇人）
○三代目福博会（福岡市、長岡寅夫＝金寅純、二八〇人）
○九州誠道会（大牟田市、浪川政浩＝朴政浩、三八〇人）

こうした各団体の構成員数などは前記の『暴力団情勢』などに拠《よ》っているのですが、同じ指定暴力団でも規模の大小があることが分かります。警察庁は特に山口組、稲川会、住吉会の三つを特別視していますが、この三つの組織を特に「広域団体」として扱っています。

一見すると、北海道や東北、中部地方などに本部を置く暴力団はありませんが、こういう地域にも大きな団体の二次団体、三次団体が存在しています。

以前は、暴力団を博徒《ばくと》系、テキ屋系、愚連隊《ぐれんたい》（青少年不良団）系の三つに分けていました。博徒はばくち打ち、テキ屋は祭礼などの際、夜店を出して物などを売る人、愚連隊は戦後、軍隊から復員したり、不良学生になったりした人たちが中心の団体と思えばよいでしょう。

指定団体でいえば稲川会や酒梅組は博徒系、極東会はテキ屋系といえます。どこの団体も愚連隊系とは呼ばれたくないようなのですが、たとえば山口組の中で組長を出したこともある山健組や竹中組（いずれも山口組の二次団体）などは、スタート時が愚連隊であることを認めています。また山口組の二次団体には博徒系、テキ屋系、愚連隊系のすべてを含んでいます。

しかし三つの分類があるとはいっても、ほとんど有名無実で、どの団体もやっていることはほぼ同じなのです。

やはり「暴力団」が一番ぴったりくる呼び名かもしれません。

寅さんと清水次郎長

ところで、人気の映画『男はつらいよ』の寅《とら》さんこと、車寅次郎《くるまとらじろう》は暴力団の組員なのでしょうか。

テキ屋が彼の稼業ですから、今の法律では確かに暴力団に分類されます。それじゃ、あまりにひどい……と寅さんに同情する読者は多いことでしょう。そうなのです。まじめに街商をやっている人たちを、一律に暴力団とみなして祭礼の境内などから追い払えば、お祭りだって楽しくなくなってしまう、という声はとても多く、地域によっては警察も見て見ぬ振りをしているのです。

では、幕末から明治にかけての侠客、清水次郎長は暴力団でしょうか。

もちろん彼が生きている時代に暴力団という言葉はまだありません。暴力団という言葉は戦後、警察が使い始めたと考えている人が多いのですが、実は大正期に早くも用例があるそうです。

今の「暴力団対策法」に清水次郎長がやったことを照らせば、彼もまた暴力団です。別に証拠となる話ではないのですが、清水次郎長が初代の清水一家（静岡市清水区）は、現在六代目に当たるのです。この組織は山口組の二次団体です。「ヤミ金の帝王」と呼ばれたのは山口組系五菱会・高木康男会長の側近である梶山進でしたが、その高木康男会長が今では六代目清水一家の総長となって、山口組に所属しているわけです。

山口組の組織とカネ

ここで暴力団はどういう組織なのか、見ておきましょう。組によって少しずつ違うのですが、山口組を例に取りましょう。というのは、山口組の構成員数は全暴力団の構成員数の四八・一%を占めています。組員二人のうち一人が山口組の組員なのですから、三つの広域団体の中でも群を抜いて大きく、まさに「暴力団の代表」と言ってよいからです。

神戸市灘区にある山口組本家が一次団体です。本家のトップが組長で、現在は司忍（通称）が組長です。

山口組本家には六人の舎弟《しゃてい》、約八〇人の若衆がいます。舎弟は組長の弟、若衆は組長の子供の意味です。暴力団は親子、兄弟の関係をモデルに組をつくっています。

舎弟と若衆はそれぞれ「直系組長」（直参《じきさん》とも）と言います（若衆の場合には、直系若衆＝直若＝若中という用語も使われています）。直系組長の本拠地は、北は北海道から南は熊本まで全国に広がっています。直系組長は、自分の組に帰れば二次団体の組長ですから、自分は山口組本家に直接つながる組長だといった気持ちで「直系組長」というのです。

若衆の中の長男に当たる者を若頭（ワカガシラ、またはワカトウとも）といいます。現在は髙山清司が山口組本家の若頭です。若頭が組内のナンバーツーで、政党でいえば幹事長や書記長といった役職なのです。

関東の稲川会では一番のトップが会長、若頭に当たるのが理事長といいます。山口組より近代的な名乗りかもしれませんね。

この若頭を支えるのが若頭補佐で、現在は七人の若頭補佐がいます。この他に一人、総本部長がいるのですが、これは事務局長といった役割です。若頭、若頭補佐、総本部長が執行部をつくります。この他に顧問や舎弟がいるのですが、彼らは年長の直系組長であり、一線を退いた相談役といったニュアンスの役割です。他に「幹部」といった肩書きもありますが、これはもう少し頑張れば、若頭補佐になれるかもしれないといった程度の役職であり、若衆であることに変わりはありません。こうした「幹部」は一〇人います。

前出の六代目清水一家総長・高木康男は山口組本家の若衆であり、「幹部」であり、直系組長の一人であるわけです。

全国に散らばる直系組長は関東・北海道、中部、大阪北、大阪南、阪神、中国・四国、九州という各ブロックに分かれ、執行部からの通達などは、このブロックごとに伝えられる場合がほとんどです。ブロック長は執行部の中から選ばれます。

企業などと比べればごく簡単な組織なのです。直系組長たちは、毎月一回神戸の本部（本家）で開かれる月定例会に参加することが義務づけられています。ですが、情報が警察に漏れることを恐れているのでしょう、この会で重要なことはほとんど伝えられず、一〇～二〇分で散会になるのがふつうなのです。

直系組長たちは本部に毎月会費を納めています。無役の若衆で月八〇万円、若頭補佐など役付で月一〇〇万円です。

えっ、本部からお金をもらうんじゃないの？　逆に払うの？　と驚く人がいるかもしれません。実はそうなのです。暴力団の組員はその暴力団の看板を使ってお金を稼いでいる、自分が稼げるのは組のおかげなのだ、と考えて、本部にお金を差し出しているのです。

警察はこれを「上納金」の一種だと見ています。

暴力団にはそれぞれ「代紋」と呼ばれるマークがあります。山口組の場合には菱形の中に「山」という字がやはり菱形に書かれています。これを「山菱」の代紋といいます。稲川会の代紋は丸の中に「稲穂」ですし、住吉会では丸に「住」という文字です。それぞれの組員は自分たちが食えるのは、この代紋のおかげと考えているのです。

それにしても山口組の月会費は高いな、と思われるかもしれません。でも、それだけではなく、直系組長たちは月会費の他に積立金を月々三〇万円納めていますし、毎月最低でも五〇万円程度、ペットボトル入りの水や歯磨き、洗剤、文具などの日用品を本部から半ば強制的に買わされているのです。これは共済組合的な意味があるそうですが、組長が六代目になってから始められたことです。

こうして見ると、なんやかんやで直系組長たちの月々の支払いは二〇〇万円以上にもなります。また仲間の直系組長が引退すれば「功労金」として、直系組長一人がそれぞれ一〇〇万円ずつ拠出し、約一億円にして引退者に贈るのです。これも六代目組長になってから始められたことです。

山口組五代目の渡辺芳則組長の時代には、新たに直系組長に抜擢されると、最低でも当座五〇〇〇万円が必要だといわれていました。

もっとも直系組長たちは自分の組（二次団体）でも同じように若衆や舎弟から月会費を集めています。組員一人当たり月二〇万～三〇万円ぐらいが多いようですが、そういうお金を集めて本部に運ぶわけです。

暴力団は上の位になればなるほど、下の組員が差し出すお金で豊かに暮らせます。暴力団がお金を稼ぐ方法を「シノギ」といいますが、上になれば自分で直接シノギに手を出さなくても、下の者が運ぶ上納金で、左うちわなのです。シノギとは覚醒剤の密売や裏カジノの経営、管理売春など違法な活動がほとんどですから、シノギに手を出さずに済むことは自分が犯罪に手を染めずに済むことにもなります。つまり警察に逮捕されて、有罪と判決されて、刑務所に入る危険から免れるわけです。

では、暴力団の昇進、出世とはどういうものなのか、ということになります。

基本関係は「親分—子分」という簡単なものですから、一次から五次くらいまであるピラミッド構造の中で、より上位レベルの組長になることです。

山口組でいえば、本家の直系組長になることは大出世です。まして若頭補佐になれば、ほとんど天下を取った気分になります。若頭になるなどは夢のまた夢、実力があっても、よほどめぐり合わせがよくないと、なれるものではありません。

それなら、出世するためにはどうしたらよいのでしょうか。

以前はしょっちゅう他の暴力団と抗争を繰り返していましたから、抗争で目立った功績を挙げるのも一つの方法でした。しかし敵を攻撃したのはいいけど、自分が殺人などで有罪になり、服役すれば、攻撃したことへの報酬を得ることができません。だから、下の者を「鉄砲玉」（「ヒットマン」ともいわれています）として走らせ、その者に「万一警察に捕まっても、自分が殺人を教唆《きょうさ》したなどと自供するんじゃないぞ。出所したらいい待遇で迎えてやる。家も建ててやるぞ」などと因果を含めるわけです。

もう一つは、お金をたくさん稼いで上の者に上納し、喜んでもらうことです。たくさん稼ぐためには、稼げる子分の数を増やすことが必要です。

清水一家の前身、山口組系五菱会がもっぱら行っていた「ヤミ金」を例に挙げてみましょう。

ヤミ金は小資本で始められるものでした。一〇〇〇万円のお金があれば、自分の若い衆や元暴走族の若者など一〇人に一〇〇万円ずつ渡して、これをもとにヤミ金を始めろ、稼ぎのうち三割は俺のところに持ってこいよ、と命じることができます。

ヤミ金は貸付額が最高でも一〇万円という小口の金融で、しかも利息は貸し付け時点で前払いさせます。その利息は、「トイチ」（一〇日で一割）どころか、「トサン」（一〇日で三割）や「トゴ」（一〇日で五割）というひどい利率でした。もちろん、違法の金融です。

五菱会系のヤミ金は二〇〇三年ごろ全国に二七系列、一〇〇〇店舗を展開し、年間数千億円の収益を上げていたそうです。「朝日新聞」（二〇〇三年一一月二一日）をはじめ、新聞でもテレビでも、当時はそのニュースがよく報じられました。

もうお分かりでしょう。多くの店舗の店長を自分の若い衆にし、彼らに収益の三割を上納させれば、巨額のお金を握れるのです。子分とお金、二つを同時にモノにできたのです。

五菱会はその前、美尾組といったのですが、当時の渡辺芳則五代目山口組組長に特別に「上納」するなど「お上手」をして、とうとう組長直々の命名である五菱会という組名を名乗ることができたのです。もちろん「五」は五代目の五、「菱」は山菱の代紋の菱です。

暴力団員の出没地域とは？

ところで、暴力団の組員たちはどの辺りに出没しているのでしょうか。

それはやはり繁華街になります。まさに盛り場です。

暴力団のお金の稼ぎ方を示す言葉として「企業対象暴力」とか「行政対象暴力」という言葉があります。しかし、その文字通りにオフィス街や官庁街では、暴力団の姿を見かけることはあまりありません。

やはり盛り場で、東京なら新宿や池袋、渋谷、銀座、六本木、浅草辺り。大阪ならミナミや西成、北新地など、組員の密度が濃い場所があります。

新宿・歌舞伎町には最盛期、色々な暴力団の組事務所が二〇〇以上あるといわれていました。「今は一〇〇カ所程度に減っている」と、現役の暴力団幹部はいいますが、それでも異常な多さです。歌舞伎町には一丁目と二丁目しかなく、その街区を区役所通りが横割りしているだけですから、せいぜい四ブロックから成る街です。その狭い地域に一〇〇もの事務所が開き、おそらく一〇〇〇人前後の組員が食べているわけですから、いるところにはいるものだ、という思いになるでしょう。

もちろん、東京の六本木にも組員はいます。六本木周辺は住吉会や、山口組系の國粋会が縄張りとしているところなのですが、それ以上に有名なのは、市川海老蔵事件で名を売った元暴走族の集まりである「関東連合」のOBたちでしょう。ただし彼らは暴力団組員とはいえません。

暴走族と愚連隊

東京圏には暴走族グループの「ブラックエンペラー」や「宮前愚連隊」、「鬼面党」などがあったのですが、それらが一九七五年ごろに「関東連合」を結成しました。

関東連合は二〇〇〇年五月、東京都大田区で対立グループのメンバーとまちがえて、鮨店の店員ら五人を襲撃して、うち一人を死亡させる殺人事件を引き起こしました。これを機に関東連合のメンバーは大量に逮捕され、幹部クラスが拘置所や刑務所に入れられました。直後に関東連合は解散式を行っていますから、今、六本木にいるのは関東連合のOBであって、現役は一人もいないといわれています。

たしかにそれはそうだろうと思います。暴走族そのものが減っていて、半ば過去の存在になっています。今や若者の間でバイク離れ、車離れが進んでいますし、七八年に道路交通法が改正され、新しく「共同危険行為等禁止規定」が設けられました。暴走族が集団となって公道上で示すような危険な走りはアウトなのです。

しかも二〇〇四年には「共同危険行為」の摘発に必要だった「被害者の証言」が要らなくなり、警察官がそれを目撃するだけで暴走行為の摘発、逮捕ができるようになりました。

こういう背景がありますから、暴走族は減って当たり前なのです。暴走族の世界ではリーダーは二〇歳前後で暴走族を卒業し、次の世代にリーダーを渡すのが普通でしたが、なにしろ新入りが入ってこないので、リーダーの役を渡したくても渡せません。それで古いリーダーが相変わらずリーダーをやらなければならなかったし、メンバーたちも相変わらずの顔ぶれでした。

いやおうなくしょっちゅう「先輩—後輩」の関係で動いていましたから、その結束力は自然に強くなります。関東連合OBの結束力の強さにはこうした歴史があるわけです。

暴走族が暴力団の予備軍だった時代があります。

暴走族はおおよそ二〇歳になると、進路を決めます。暴走族を卒業して、一つは職人になったり、会社に勤めたりするなど、一般人として生きる道、もう一つは暴力団の組員を兄貴分と慕って、組事務所に出入りし、いつしか暴力団の組員になる道、——大きく分けてこの二つの道があったわけです。

暴力団の方でも、なにしろ暴走族は新人をリクルートする有力な手段でしたから、その幹部層を抱き込もうと飲ませたり食わせたり、組織化を働きかけたり、面倒を見ていたのです。

しかし、繰り返しになりますが、とにかく暴走族の数が減ってしまいました。おまけに暴走族の方から暴力団を敬遠するようになってきたのです。というのは、暴力団の組員になったとして、自分の将来はどうも開けそうにないな……と考えるからです。

最近の暴力団の末端層、若年層は経済的に詰まっていますから、人前で格好《かっこう》をつけられない。高級車に乗ってバリッとした服装をし、横には若い美人の女性を乗せて、ポケットには無造作に分厚い札束が……といった姿は、見せたくても見せられない事情があります。

要するに貧乏して格好が悪い。自分の兄貴分になる人が、財布に一万円札が一枚、入っているかいないかという状態では、暴走族としても幻滅してしまいます。

六本木の関東連合ＯＢにも住吉会系の組など暴力団に入った人がいます。しかしそれはむしろ少数派で、ほとんどは六本木のクラブ（飲む方と踊る方のクラブ、両方です）

で、雇われ社長や店長、バーテンをやったり、自分でプロダクションを営んだり、広告会社などの社員だったり、振り込め詐欺の主宰者だったり、暴力団とは一線を画しています。

六本木で暴力団と正面切って戦ったのは関東連合ＯＢだけだと、地元の経営者は認めています。また関東連合ＯＢは、車に乗せられ連れ去られようとしている女性を救うため、プロレスラーと某有名企業のラグビー部の選手を袋叩きにしたことがあります。

ですが、被害者に治療費や慰謝料など計一〇〇〇万円を払って示談《じだん》にしないと、警察にメンバーの何人かが逮捕されてしまうという危機を招いたのです。彼らは仲間だけでカンパを募り、一〇〇〇万円をつくりました。「関東連合ＯＢの結束力は強いね」といった話が伝わっています。

暴走族と愚連隊の違いは分かりますね。愚連隊は前にも触れましたが、敗戦直後の混乱期に不良学生や復員兵などが自然発生的に結成したもので、暴力団の三つの源流の中の一つです。現在の暴走族ＯＢは、関東連合ＯＢに限らず、暴力団とは距離を置いています。

それでは、暴走族ＯＢが今やっていること、その集団を何と呼ぶのでしょう。それを指す言葉はあるのでしょうか。

おそらくまだ無いと思います。警察庁は暴力団を弱体化させることに熱心で、彼らにまで目が行き届いておらず、基礎的な資料も持っていないはずです。ここでは仮に、彼らを「半グレ集団」「半グレマフィア」と呼ぶことにします。「半グレ」は堅気《かたぎ》とヤクザとの間の中間的な存在であること、また「グレ」はぐれている、愚連隊のグレであり、黒でも白でもない中間的な灰色のグレー、グレーゾーンのグレーでもあります（「半グレ集団」については第六章で触れます）。

「暴力団関係者」って誰？

ところで、「暴力団関係者」という言い方があります。これは具体的にはどういう人を指すのでしょうか。

かなり曖昧《あいまい》で、関係をぼやかしたいときなどに使う言葉です。新聞や雑誌、テレビなどで、ストレートに暴力団と言い切れないとき、あるいは言いたくないときなどに使われているようです。元暴力団組員や暴力団の周りにいる人、暴力団の組員と組んで何か仕事をしている人、組員の兄弟や甥、子供、奥さん、内縁の妻なども含んでいるかもしれません。

「暴力団関係者」は公的な言葉ではありませんが、似たような言葉がいくつもあり、警察や金融監督庁などがお役所の文書の中などで使っています。

たとえば、暴力団の構成員に触れる際に、ちょっと出てきた「準構成員」がそうです。これはどういう人を指すのでしょう。警察庁によれば二〇一〇年末現在、構成員の数は三万六〇〇〇人で、前年に比べ二六〇〇人の減少ですが、「準構成員」の数は四万二六〇〇人で、前年に比べ三〇〇人増加したといっています（警察庁『平成二二年の暴力団情勢』）。

「準構成員」は「準構」と略すこともあるのですが、警察庁の定義では次のようになります。

「構成員ではないが、暴力団と関係を持ちながら、その組織の威力を背景として暴力的不法行為等を行う者、または暴力団に資金や武器を供給するなどして、その組織の維持、運営に協力し、もしくは関与する者」

読者の方は、この定義でよく分かるでしょうか。残念ながら、あまりよく分からないと思います。実は警察自身がよく分かっていないのではないかと、私は疑っているのですが、要するに「準構」は暴力団の組員ではない、しかし組とは関係し、組員と同じようなことをやっている、または組のスポンサーのようなことをしている人ということになりましょうか。

一番はっきりしているのは、次のようなケースです。

最近ある者に、暴力団から絶縁《ぜつえん》、破門《はもん》、除籍といった処分状が出されたとしましょう。警察も処分状のコピーぐらいは入手しますから、その者が組員でなくなったことは把握できます。しかし、処分状が出た男のやっていることはほとんど前と変わらない。兄弟分だった組員ともつき合っているし、組員と組んで儲け仕事もやっているらしい。ときどきは組事務所にも顔を出している……。

このような状態なら、この男は間違いなく「準構成員」となります。つまり実際的にはこのようなケースなどが該当するのではないでしょうか。

「その者が個々の組に在籍している」と、警察が摑めた者が「構成員」です。

これに対して在籍が確認されないものの、割と頻繁《ひんぱん》に組事務所に出入りしている者、地域の企業や商店の経営者などで、日常的に暴力団幹部と親しく、仕事や遊びで暴力団ぐるみで行動している者、また破門や除籍などの処分が出て、捜査資料上は組での在籍が否定されていますが、相変わらず組や組員の周りでウロウロしている者などが、「準構成員」と考えれば分かりやすいと思います。

共生者と企業舎弟

しかし、警察が使っている、似たような言葉はこれだけではありません。

「共生者」という言葉があります。「共生者」について、警察はこう言っています。

「近年、暴力団関係企業以外にも、暴力団に資金を提供し、又は暴力団から提供を受けた資金を運用した利益を暴力団に還元するなどして、暴力団の資金獲得活動に協力し、又は関与する個人やグループの存在がうかがわれる。これらの者は、表面的には暴力団との関係を隠しながら、その裏で暴力団の資金獲得活動に乗じ、又は暴力団の威力、情報力、資金力等を利用することによって自らの利益拡大を図っており、いわば暴力団と共生する者となっている」（警察庁『平成一九年版警察白書』）

「共生者」は準構成員に比べて、暴力団からやや距離を置いているようです。しかしやっていることは「準構」に似ている。そんな感じがしています。

そして、『警察白書』での「共生者」を説明する図には、「暴力団と共生する者」として、総会屋、暴力団関係企業、事件屋、仕手筋、社会運動等標榜ゴロの五種を挙げています。

総会屋は今や絶滅危惧種です。警察庁は全国にまだ二九〇人の総会屋がいるといっていますが、実際に生きていて、かつ活動している総会屋は五〇人以下、詳しい人によっては二〇人以下とさえいいます。

社会運動標榜ゴロはエセ同和、後に出てくる政治活動標榜ゴロは街宣右翼をイメージしてもらえば分かりやすいかもしれません。

ともかく警察はこういう人たちを「共生者」と呼んでいるのです。一般の人には非常に分かりにくいですね。

しかも別に「反社会的勢力」という言葉もあるのです。

これが何を指すかといえば、「暴力団、暴力団関係企業、総会屋、社会運動標榜ゴロ、政治活動標榜ゴロ、特殊知能暴力集団等、暴力、威力と詐欺的手法を駆使して経済的利益を追求する集団または個人」とされています。

二〇〇七年七月、第九回犯罪対策閣僚会議が開かれましたが、その席で暴力団などに対し、資金提供を絶対に行わないことなどを内容とする指針が報告されて、その指針に新しく「反社会的勢力」(「反社」とも略す)という言葉が登場したのです。警察庁はこの指針を普及推進する立場に立っています。

額面通りに受け取るなら、どうやら「暴力団」+「共生者」=「反社会的勢力」になりそうですね。

なぜ警察庁はこういう中身も定かでない言葉を乱発するのか、首を傾《かし》げてしまいますが、それ以上に問題なのは、暴力団にほとんど関係ない外国人犯罪グループや、暴力団を寄せつけようとしない前述した半グレ集団などを反社会的勢力に含めていないことです。振り込め詐欺などをやっている半グレ集団は「反社会的勢力」そのものではないでしょうか。

また、警察は「企業舎弟」という言葉も使っています。これは暴力団と一見関係ない風を装《よそお》って企業活動を営んでいる暴力団の構成員か、準構成員を指します。

その営む企業を「フロント企業」と呼ぶのですが、「フロント企業」の実質的な経営者が「企業舎弟」と呼ばれるわけです。多くの場合、「フロント企業」で稼いだお金は本体の暴力団に上納されるのです。

「フロント企業」が盛んだったのは、一九八〇年代半ば以降のバブル経済期です。金融や地上げなどの不動産、証券、飲食、風俗、ラブホテルなどの経営が中心でした。「正業」にはちがいないものの、その後に中堅企業にまで育ったものは皆無でしょう。自ら潰《つぶ》れたか、警察に潰されたかです。

「暴力団関係者」の話からスタートしたわけですが、紛《まぎ》らわしくて境界がよく分からない警察用語がいっぱいあります。そのときどきに必要に応じて使われたり、新たに出てきた言葉なので、「流行《はや》り言葉」的な一面もありますから、しっかりした定義などはなさそうです。それほど厳密に考えなくてよいと思います。

第二章　どのように稼いでいるか？

シノギの手口は四つ

暴力団がお金を稼ぐことを「シノギ」と言うことは前章でも述べました。警察は同じことを資金獲得活動と言っていますが、シノギの方が簡単で分かりやすいですね。以後、本書では、シノギと資金獲得活動の両方の言い方を適宜使いますが、意味するところは同じです。

暴力団のシノギにはどのようなものがあるのでしょうか。

まず警察は暴力団の伝統的資金獲得犯罪として、覚醒剤、恐喝、賭博、ノミ行為の四つを挙げています。

覚醒剤は日本では取り締まりがとても厳しいため製造されず、ひそかに流通しているすべての量が国外で製造されており、日本に密輸入されているのです。密輸品の輸入元は、その過半を暴力団が担っていると見られています。国内では、密輸入元、卸《おろし》など、段階を追って流通を仕切っている者たちもほとんど暴力団です。小売りする人をふつう「バイ人」と呼んでいます。「バイ人」としては住宅地などでも覚醒剤を売るイラン人などが知られていますが、日本の暴力団の組員も少なくありません。

しかし大きな暴力団では表向きには、傘下の組員が覚醒剤を扱うことを禁止しています。売買はもちろん、自分で使用することも厳禁です。

もし覚醒剤を扱っていることを上層部に知られると、現場で扱っている組員ばかりか、所属する組の組長も破門や絶縁の処分を受け、その組のすぐ上に位置する組の組長も謹慎などの処分を受けるのです。

ここでちょっと注釈を加えます。暴力団の処分で一番重いのが「絶縁」です。「絶縁」になると、「永久に組に復帰できない」というのが原則です。一方、「破門」は一定の年月が過ぎると、組に戻れる可能性があります。

こうした処分は、ハガキなどに印刷され、交際のある他の暴力団に送られます。処分された者の氏名、処分理由などを記し、「この者をあなたの組で拾うことはもちろん、この者と商談したり、交際したりすることも無用です（遠慮してもらいたい）」と記されており、かなり厳しい内容になっています。

実際に過去、覚醒剤を扱ったという理由で処分を受けた組長や組もあります。しかし、最近そうした話を聞かないのは、上層部が下の者による覚醒剤の取引に目をつぶっているからです。

現在、暴力団の世界には「シノギ」のネタがあまりなく、覚醒剤は扱えば必ず儲かるものですから、上の者も見て見ぬ振りをしているのが現実なのです。

覚醒剤はいくらか？

一〇年ほど前までは、北朝鮮製の覚醒剤が日本に密輸されていました。北朝鮮は外貨稼ぎのために国家として覚醒剤やヘロインの製造と密輸出を行い、薬物製造工場が三つも北朝鮮内に確認されています。偽装した漁船などに覚醒剤を積み込み、日本海を航行して日本の沿岸近くでＧＰＳを利用し、密輸業者の船などと落ち合って、荷の受け渡しを行っていました。これを「瀬取《せど》り」と言います。

しかし何回か北朝鮮からの密輸が発覚したため、日本では北朝鮮船籍の船の入港が厳しく規制されました。また日本海での不審船の取り締まりがより強化され、二〇〇三年以降、北朝鮮を仕出地《しだしち》とする覚醒剤は押収されていません。しかし北朝鮮はいったん覚醒剤を中国に送った形を取り、中国から日本に向かう船で送るなど、巧妙な偽装工作をしていました。

現在、船で一度に大量を密輸する方法は影を潜《ひそ》め、飛行機の利用客を装い、携行品の中にしのばせたり、国際郵便物の中に少量の覚醒剤を紛れ込ませたり、小口化、分散化という流れが進んでいます。覚醒剤の末端価格が上がったため、少量の密輸でも利益が上がるようになってきたからです。小口の密輸なら発覚したとき、密輸元が受ける打撃もその分、少なくなります。

日本での末端価格は、「一パケ」（ビニールの小袋、覚醒剤が約〇・三グラム入っている）が一万～二万と言われています。

「『一パケ一万円』という値段はいつの時代でも標準です。ただ品薄になったり、仕入れ価格が上がれば、中身が〇・一グラムになったり、覚醒剤の原料になるジメチル・アンフェタミンそのものを覚醒剤がわりに売る。昔とちがって、味の素や塩を増量剤として入れるということはありません。ジメチル・アンフェタミンは注射で体内に入れると、ぞっと冷気を感じる覚醒剤とは逆に、ガーンと熱くなるのです。そのため関西では『爆弾』、九州では『花火』と言われています」（首都圏の薬物捜査官）

通常、覚醒剤一回の使用量は、〇・〇三グラムとされています。一パケ〇・三グラムでは約一〇回使える計算になりますが、実際は覚醒剤の初心者で三～四回分、覚醒剤になれた常用者なら二回で消費される量だといいます。

密造地での出荷価格はグラム当たり二〇〇～数百円。キログラム当たりだと二〇万円から数十万円になり、最少取引単位は数十キロから一〇〇キロぐらいだろうと推測されています。これが日本に入ってくると、一〇〇グラムぐらいを取り引きする中堅の「バイ人」の場合、取引価格はグラム当たり三〇〇〇円から一万五〇〇〇円ぐらいだとされているのです。その時々の需給状況で大きく値動きするわけです。

ですが、それにしても原産地の出荷価格と比べ、消費地での末端価格はおよそ一五〇倍にもなっています。暴力団組員にとって覚醒剤が「おいしいシノギ」になる理由はこうした値ざやの大きさにあるわけです。

東京ではイラン人の「バイ人」の姿をあまり見掛けなくなりましたが、地方では相変わらず末端の「バイ人」として暗躍していると言われています。

「イラン人のバイ人は携帯電話で商売しています。携帯電話の番号に客がついている。客から携帯に連絡が入ると、バイ人が客の近くに行ってブツを渡し、カネを受け取るわけです。覚醒剤商売をしていたイラン人がなんらかの事情で帰国するときは、仲間にこの携帯電話を売って帰ります。客付きのいい携帯の場合、その携帯は最高二〇〇〇万円もしますが、その二〇〇〇万円はおおよそその携帯の月の売上高とみていいのです。

彼らの中には社長がいて、客がついた携帯を何台か手元に置き、客から買いたいという電話が入る度、客の近くに待機している手下に指示を出して、ブツを届けさせるといった商売をしていますが、彼ら単独ではなく、背後には必ず日本の暴力団が供給役を果たしています」（先の薬物捜査官）

バイ人たちは覚醒剤のほか、大麻や大麻樹脂（チョコ）、コカイン、ＬＳＤ、ＭＤＭＡ（エクスタシー）、ヘロインなども扱っています。

恐喝は割に合うのか？

暴力団の伝統的シノギとしての「恐喝」とは、人を脅してお金や物を奪い取ることです。「カツアゲ」とも呼ばれています。

ふつう、ヨタっている人とか暴力団の組員に脅されたら、この人は口だけではなく、実際に暴力を振るうかもしれないと怖くなりますね。そこで怖くなってお金を渡してしまったら、「恐喝」が成立します。恐喝罪は一〇年以下の懲役ですから、重い犯罪ですし、恐喝未遂でも罰せられます。

二〇一〇年、暴力団組員は、「恐喝」で一六八四人もが検挙されています。恐喝して検挙された人のうち組員が四四・八％を占めているそうです。「恐喝」は何も用意する必要がなく、元手《もとで》も要らず、組員にとっては最も安易でやりやすい資金獲得活動といえます。だからこそ暴力団の伝統シノギなのでしょう。

同年一一月、山口組のナンバーツーである若頭の高山清司が、四〇〇〇万円を恐喝した容疑で京都府警に逮捕されました。

滋賀県大津市に山口組直系組の淡海《おうみ》一家があるのですが、その総長である高山義友希《よしゆき》らによる恐喝事件に関連し、自由同和会京都府本部会長のU氏から「みかじめ料」の名目で四〇〇〇万円を脅し取った疑いです（みかじめ料については後述します）。

京都府警の発表資料によると、おおよそ逮捕にまつわる容疑は次のようなものだったそうです。

「若頭・高山清司は、U氏から事業活動などに対するみかじめ料名目でカネを脅し取ろうと計画、山口組直系淡海一家総長・高山義友希（五三歳、組織犯罪処罰法違反で起訴）ら三人と共謀の上、〇五年七月末から同年一二月初旬にかけて京都市内のホテル等でU氏に対し、『われわれがUさんを全面的に面倒見ることになった。ついては面倒を見るお代として、みかじめ料を持ってきてほしい』『名古屋の頭《かしら》（高山若頭を指す）に届けるから一〇〇〇万円以上は持ってきてくれ』などと脅迫して執拗にカネを要求し、同年一二月三〇日、京都市内の別のホテルでU氏から現金一〇〇〇万円を脅し取り、さらに〇六年二月ごろからその年一二月中旬にかけて、京都市内にU氏が所有する関係会社などで、U氏に対し『山口組としての決定事項を伝える』『Uさんがやっている仕事は淡海一家を窓口として通してほしい。盆暮れも頭に現金を届けてほしい』『仕事を一緒にやろうやないか』『仕事とは別に一〇〇〇万円以上は持ってきてや』などと脅迫して、カネの要求を執拗に続け、その年八月九日に現金二〇〇〇万円、また一二月一八日に現金一〇〇〇万円を京都市内の喫茶店で脅し取った」

若頭の高山清司は一度U氏との会食に同席し、「高山義友希さんとよろしくな」とU氏に挨拶したことはあったらしいのです。また何かの折にU氏と顔を合わせた際、「いつもすまんなー」と会釈《えしゃく》したとも伝えられています。

しかし、髙山清司は恐喝する場面や現金受渡しの場面には一切同席していないそうです。それでも恐喝罪が成立するというのは厳しいものがありますが、ともかくこれで、二〇〇九年六月に就任した警察庁・安藤隆春長官（第二二代、二〇一一年八月現在、現職）が、二〇一〇年五月以来、大号令を掛け、取り締まりをいっそう強化して、実現を目指してきた「山口組の弱体化」に王手がかかったわけです。

なお山口組の若頭も髙山、淡海一家総長も髙山ですが、二人は親戚ではありません。淡海一家の総長・髙山義友希は、京都に「会津小鉄会」という有名な暴力団があるのですが、そこの四代目会長だった髙山登久太郎という人の実の息子です。もともと東海大学を卒業して地元の滋賀商銀（現、近畿産業信用組合）に入ったのですが、何を思ったか、〇三年、名古屋の山口組直系弘道会に舎弟として入り、ほどなく舎弟頭補佐に上り、〇九年、山口組の直系組長に取り立てられたという異色の経歴を持っています。

野球賭博や闇カジノはなぜ儲かるか？

伝統的シノギとしての賭博にはいろいろな種類があります。二〇一〇年、力士がやったことで社会問題になった野球賭博も本来、暴力団のシノギでした。競馬、競艇、競輪、オートレースのノミ行為もそうですし、闇カジノもほとんどが暴力団の経営です。

ノミ行為というのは、少し説明が必要かもしれません。

公営競技である競馬などでは開催する自治体などに利益配分するため、収入の二五％程度を最初から控除し、残りを勝ったお客さんに対する配当金に充てています。ノミ行為は暴力団がやっているのですから、最初から自治体への配分金など必要ありません。騎手や選手を呼んできて馬や自転車を走らせる必要もなく、人の開催にただ乗りできるのです。

ノミ屋は自分の儲けをとった後、残りを配当金に回すことで正規の配当金より率がいいサービスが提供できます。場合によっては、外れ馬券の一割を払い戻すという負け客に対するサービスさえ可能なのです。しかし、お客の指定した通りに馬券を買うかどうかは保証の限りではなく、自分が勝つと思った馬券を買うこともあります。その馬券が勝てばよいのですが、外れた場合、客への払い戻しができず、逃げてしまうこともあります。

野球賭博は最初、高校野球からスタートし、後にプロ野球にも広がっていきました。

暴力団が胴元になり、その日の試合、たとえば「巨人―阪神戦」でどちらが勝つか、たいていは一万円単位のお金を客に張らせます。Aさんが巨人の勝ちに一万円、Bさんが阪神の勝ちに一万円賭け、実際の試合では巨人が勝ったとします。

するとBさんの賭けた一万円は丸損になります。勝ったAさんには賭け金の一万円と勝った分の一万円が渡るはずですが、胴元が一万円の一割、一〇〇〇円を「テラ銭」として取るため、実際には九〇〇〇円の勝ち分が渡されます。

しかしこの試合は巨人の勝ちに決まっていると思う張り客が多いと、巨人の勝ちに賭ける客だけが増えて、胴元が損を被る危険が増えます。そこで巨人から人気の薄い阪神にハンディを与えます。ハンディ一なら、引き分けは巨人の負けと同じで、阪神の勝ちになります。巨人が一点差で勝てば、賭けは引き分けになります。巨人が二点差以上で勝てば、文句なしに巨人の勝ちになります。

このようにハンディをつけることで野球賭博が面白くなるという人が現実に多いのですが、主宰する暴力団にいわせれば、ハンディをつけることでお客さんの賭けを適当にバラす、つまり対戦する両チームへの賭け金がほぼ同額になるようにする工夫なのです。

こうしたハンディをつける人を「ハンディ師」といいます。「ハンディ師」は組員の場合もありますし、暴力団とは関係ない人もいます。

かつて野球賭博の胴元は力があり、資金力がある暴力団がなると決まっていました。そうでないと長続きしないからです。

関西を中心に野球賭博をシノギとしていたことで有名なのは、山口組系の竹中組です。四代目山口組組長・竹中正久の出身団体です。しかし、竹中組の場合、ハンディをつけていたのは異常に勝負勘が鋭い竹中正久の内妻だったといいます。彼女はその日の朝、スポーツ紙三～四紙に目を通しただけでハンディを振っていたと聞いたことがあります。

今、「ハンディ師」は東京と横浜に一人ずついて、両方とも組員ではなく、横浜の方は在日韓国人だとも言われています。

しかし、どちらにしろ、野球賭博は下火になっています。というのは、携帯電話で簡単に客が賭けるため、賭け金の徴収が試合の後になりがちです。賭けた試合で賭けに負けた場合、客は賭け金を支払いたくなくなるものです。

主宰の暴力団がしつこく催促すると、客は違法の賭博だ、負けたからといって賭け金を払う必要はないといって警察に通報します。そのため暴力団はとうてい野球賭博はシノギにならないと、今は手を引くことが多いのです。

この辺りの事情は、力士がやっていた野球賭博を見てもよく分かります。

警視庁は大相撲の野球賭博事件を長々捜査していましたが、ようやく二〇一一年一月、元十両力士（三四、年齢は当時。以下同）やその母親（六三）、元幕下力士（二九）の三容疑者を賭博開帳図利《とり》で、元幕下力士（三五）の容疑者を同幇助《ほうじょ》で、それぞれ逮捕しました。

捜査はこれで終結しましたが、逮捕者の中に暴力団組員は一人もいません。元相撲取りとその家族がいるだけです。

この一件に関与した元大関は暴力団から恐喝されるなど、暴力団との交わりゆえに日本相撲協会から解雇されたはずだったのに、問題の野球賭博には〇九年病死した弘道会系の組幹部は関与していても、彼の死後、生きた組員は一人も関与していませんでした。野球賭博を仕切ったのは、非行が過ぎて賭博の開帳にまで手を染めた元相撲取りだけだったのです。

半グレの素人が野球賭博の胴元を手掛けたからこそ、勝った元大関に対して、負けが込んでいる元力士から勝ち金を取り立ててほしいと手抜きしたのです。プロの胴元ならば、負けた客からはきちんと取り立て、勝った客にもきちんと自己責任で払い戻します。

そうしないと勝ち負けとお金のやり取りがぐちゃぐちゃになり、紛争のもとになるからです。

こうした意味から野球賭博の胴元をこなす暴力団は、強く（恐ろしく）、資金力があり、金の貸し借りにきちんとした信用ある暴力団しかやれなかったわけです。

暴力団が手掛ける賭博のうち、一番効率がよさそうなのは闇カジノの経営です。カジノとはいっても、日本のオイチョカブに似たバカラが中心で、ルーレットやブラックジャックの台はほとんど置いていません。

名古屋の風俗業者がこう言います。

「闇カジノは夜八時オープンで、翌朝五時ごろまで営業する。この間に動くカネだが、流行ってる店では一晩一億円を超すことも珍しくない。何しろバクチ好きの金持ちたちが東海三県や北陸からも押し掛けてくる。動くカネの五％がテラ銭として店に入る仕掛けだから、一店がわずか一晩で粗利五〇〇万円を上げる。

バカラの場合、バンカー側、プレーヤー側に賭けるチップの数は同数が基本だが、差額三〇万円までは店が引き受けるところが多い。だけど、不思議なことにこういう場合、たいていバンカー側（店側）が勝つんです。

胴元（店）はテラ銭以外にバクチでも勝つわけで、家賃や従業員の給料、客の飲食代、光熱費なんかを払っても、月三〇日として純益一億五〇〇〇万円。しかも闇だから、完全に無税。太い商売です。

警察が目をつけ、摘発の準備にかかってもその前に店を移す。店の改装に結構カネを掛けているんだけど、それを捨てても、新規の店にカネを掛けて、全然苦にならない。名古屋では警察がカジノ黙認と言われていて、公然営業の歴史が一〇年あるけれど、二年前からアングラ化とデラックス化が両方進んでいます」

闇カジノはいわば常設の賭場です。常設の賭場は「常盆」というのですが、今常盆的に博打場を開いているのは全国的にみてもきわめて珍しくなっています。

闇カジノを経営している暴力団組長は、客引きにキャバクラやクラブのホステスを使っています。組員がそういう店に行った折に、ホステスに闇カジノに客を連れてくるよう勧誘させるのです。

「金持ちの客をうちのカジノに連れてきてよ。アフター（店が終わった後の客とのつき合い）のとき、『一度覗《のぞ》きたい店があるから、連れてって』と客を誘えば、客は鼻の下を伸ばして、のこのこついてくるに決まってるやんか。客が使ったカネの一割、あんた

に戻すからさ。大きいよ、これは」（同業者）

と、欲得尽くで、まず女性を誘い、女性に客を連れてこさせるわけです。

暴力団は伝統的シノギ以外にも多くの資金獲得活動を行っています。どんなシノギでいくら稼いでいるかですが、警察庁が一九八九年に発表した暴力団の年間収入内訳では、覚醒剤が四五三五億円（全収入の三四・八％を占める）、次に賭博、ノミ行為が二二〇〇億円（同一六・九％）、三番目が「みかじめ料」で一一三二億円（同八・七％）、四番目が民事介入暴力で九五〇億円（同七・三％）、五番目が企業対象暴力で四四二億円（同三・四％）、合法資金獲得活動として、企業経営一二八八億円（同九・九％）などという数字もあります。

なお、バブル経済絶頂期の調査で、総計が一兆三〇一九億円、当時の暴力団員数は約八万八〇〇〇人でしたから、一人当たり年収は一四七九万円にも上りました。当時、暴力団の組員たちはなにより地上げで巨額のお金を稼いでいました。

暴力団の年収調査はこれ以降、発表されていませんが、今はこうはいきません。ずっと縮減しているのです。

みかじめとは？

ところで、みかじめ料に似た言葉として、用心棒代、守料《もりりょう》、カスリ、ケツ持ちなどがあります。みかじめ料には、「あんたの店がある地域は自分の縄張りだから、あんたが営業するに当たっては自分があんたの営業を追認する。よって、そのお金を支払いなさい」といった語感や意味があります。みかじめの類語は「カスリ」です。

対して用心棒代には、「自分があんたの店の用心棒をする、客や他の暴力団とトラブルになったら、自分のところが面倒をみるから、いつでも連絡しなさい。よって、その対価を支払いなさい」といったニュアンスがあるのです。守料、ケツ持ち（後見する）などとの意味と似ています。

しかし、みかじめ料も用心棒代も一回だけ払えばよいのではなく、一回払ったが最後、毎月払うことを要求されますから、結局は同じことなのです。ふつうは同種の言葉として使われています。

さて、みかじめ料、用心棒代の相場なのですが、地域によって、また業種によって違います。概してソープランドやデリヘル、ファッションヘルスなどの風俗関係とギャンブルがらみが高く、「飲む」ことが主になっているような店、つまりスナックやバー、キャバクラ、高級クラブなどはそれほど高くはありません。

ただし「飲む」店でもホストクラブはどういうわけか風俗店並みで、しかも大阪などでは支払いを拒むことができず、必ず払うと決まっているそうです。

女性のヒモは暴力団の組員に多いのですが、ホストクラブも女性を金《かね》づるにする点ではヒモと同じです。組員でもないのに女性を金づるにするとはけしからん、といった気持ちなのかもしれません。

名古屋市を例に挙げて、あるクラブの店長が事情を教えてくれました。

「ファッションヘルスの場合、みかじめは一室当たり月一万円が相場らしい。一店に一〇室あるとして、月一〇万円のみかじめです。パチンコホールは月一〇万～一〇〇万円、キャバクラは五～一〇万円。カジノのみかじめは月五〇万～一〇〇万円が相場ですけど、こればかりはヤクザの直営だけと言っていいほどヤクザに近いから、みかじめを払うのかどうか。

最近、みかじめを払うと暴力団対策法や暴力団排除条例で払った方も罰せられるというので、飲食店ビルや風俗店ビルのオーナーたちが、ビルに入る全業者から家賃と一緒にみかじめを取り立てたりしています。

暴力団が工作したからこうなったわけで、暴力団にとってこれほどうまいやり方はない。暴対法には触れず、しかも取りはぐれがない。手間が掛からず、みかじめを確実に取れるんです。錦三《きんさん》（錦《にしき》三丁目、名古屋市の盛り場）だけで二〇〇〇軒以上の店があり、それらの店の九九％がみかじめを払っていますから、みかじめだけでも莫大な収入になっています」

暴力団はみかじめを払っている店に対して、別にお正月の松飾りとか、自分のところで仕切っているショーや格闘技の試合などのチケットを買ってくれるよう持ち掛けます。あるいは、みかじめ料の支払いを断る店に対して、せめてお正月のお飾りだけはつき合えよ、などと強要する例があります。

場合によっては暴力団系列の会社や店から、おしぼりや貸し植木、生花、レンタルの絵画、おつまみ、高級ワインなどを仕入れるように強要もします。

いずれの場合も暴力団経由の品物は市価より高いのがふつうです。

解体と産廃処理で稼ぐ

暴力団系の土建会社、建設会社は公共工事の下請けに入ることが難しくなっています。

沖縄県を除く全都道府県には暴力団排除条例があり、暴力団系企業の参入を拒んでいるからです。そうした系統でややシノギになっているのは、解体屋と産廃（産業廃棄物）の処分だけと言われています。

解体屋がよいのは、一九六〇～七〇年代に建てたビルが、ちょうど建て替えの時期を迎えているからです。それに耐震型への建て替えもあって、ビルの解体の仕事が多くなっているのです。

解体料は建て坪で計算し、相場は坪五万～六万円。問題は六〇年代のビルが天井裏にたいていアスベスト（石綿）を貼《は》っている点です。そのころ鉄骨建築ではアスベストを軽量の耐火や断熱、防音のための被覆材《ひふくざい》として大量に使っていました。このアスベストが難物で、暴力団系企業の暗躍を許しています。

日本では七五年に、吹き付けアスベストを禁止しましたが、それ以前に建築されたビルにはほとんどアスベストが使われていました。アスベストは肺線維症、肺ガン、悪性中皮腫の原因になるとされており、今後は建築物の解体に伴い、使用されていたアスベストが飛散、被害が拡大すると予測されています。二〇二〇年～四〇年ごろが被害のピークだと環境省は見ているわけです。

「たいていの業者はアスベストを扱いたがらない。天井裏からアスベストを引き剝《は》がす作業でアスベストを吸い込む危険がすごく高いからだ。防塵マスクをかぶっていようと全然効果がない。だいたい作業員がやりたがらない。

その点、暴力団系企業は中国人など外国人を使って引き剝がし作業をやっている。外国人がどこまでアスベスト被害を承知しているか、業者がまるきり害を知らせていないのか、作業員がカネになるなら危険覚悟なのか、詳しくは知らないけれど、とにかく外国人にやらせている。

アスベストの引き剝がし料は坪一万円だ。アスベストを引き剝がしてから解体に入るわけだが、暴力団系業者は坪三〇〇〇円くらいで楽に引き剝がす。しかも引き剝がしたアスベストは本来セメントミルで混ぜて管理型の最終処分場に埋め立てなければならない。そのために廃棄処分料が経費として掛かるわけだ。

産廃にはマニフェストといって、処分の各段階で送り状のやりとりがある。一応、不法投棄できない仕組みになっているわけだが、暴力団系業者はそんな取り決めは無視している。三分の一ぐらいを正規の手続きで処分して、後はアスベストを丸めて山の中に埋める。アスベストは綿みたいなものだから、圧縮すれば、小さくなるんだ。不法投棄分は正規に処分したマニフェストを使ってごまかす。

だから暴力団系の解体業者は堅気の同業者に比べて競争力がある。料金も安くできるし、大きく儲けることもできる。アスベストの処分込みでだいたい坪三万〜四万円で解体を請け負ってしまう。こうした事情で、暴力団系の解体業者はかなり儲かっているんだ」（愛知県の事業家）

暴力団はまだまだ産業の隙間、隙間に巧妙に入り込んではカネを稼いでいます。ある時は命知らずの外国人との二人三脚で大きく儲けるわけです。

では、産廃処理業の方はどうなのでしょうか。

同じ事業家が続けて明かします。

「産廃処理業には運搬業、中間処分業、最終処分業の三つがある。暴力団が手がけているのは一番簡単な運搬業で、コンクリガラなど建築廃材も運んでいる。簡単に言えば、彼らは廃材などを処分場に持っていかず、山の中で不法投棄する。谷底に放り捨てて、後は知らん顔だ。仕事を出す方も引き受け値をちょっと見れば、不法投棄か正規の処分か分かるわけだが、現実には不法投棄と承知しつつ、暴力団系業者に発注している。仕事をそういう業者に出す方も悪いんだけど……。

おまけに警察も暴力団系業者の不法投棄は見て見ぬ振り。『人的被害が出なければよい。奴らも生きてる虫やから、飯食わしてやらなあかん』と放言する刑事もいます」

マニフェスト制を採用することで不法投棄は根絶されるはずでしたが、実際には不法投棄が続いています。

不況の今、直接、生産・販売に結びつかない産廃処分料はできるだけ安くしたいという圧力が強まり、結果的に一般企業が暴力団を養っていることになります。それが水源と自然を汚し、社会を汚し、住民に健康被害をもたらすという悪循環の構図があるわけです。

第三章　人間関係はどうなっているか？

志望動機と学歴

なぜ暴力団に入ったのか、という調査報告があります（星野周弘「最近の暴力団加入者と暴力団予備軍少年に関する研究2――暴力団への加入過程」「科学警察研究所報告」一九八一年七月号所収）。

以下、その内容を摘記《てっき》してみましょう。

まず、なぜ暴力団の組員になるのか、という理由ですが、組員の「格好のよさにあこがれて」が四九％を占めます。二人に一人です。組員は見栄《みえ》を張るのが商売です。どんなに無理をしてでも、「格好よく」なければならないことがこれを見ても分かります。そうでないと、女性はもちろん、若い人が自分についてきてくれないからです。

次に「享楽的な生活ができるから」が二三%、「特に目的はない」が二二%、「自分のような者でも認めてくれるから」が二〇%、「当面の生活の維持のため」が二〇%、「義理・人情の世界にあこがれて」が一六%などと続きます。

義理・人情の世界にあこがれて、という動機が少ないのは意外な気がします。ですが、暴力団が自己弁護や飾り立てに使う「任俠道」を信じていない者が加入していることは、やはり納得できます。現実の暴力団組員と映画のヤクザ像とはちがって当たり前です。

構成員、準構成員を含め、暴力団に入ったときの年齢は一八〜一九歳が一番多く三七%、次に一六〜一七歳が二四%、二〇〜二一歳が二〇%、二二〜二三歳が一二%となっています。

つまり暴力団には、中卒や高卒が多く、大卒は少ないということが、この数字からも分かります。実際、暴力団の世界で学歴は問題になりません。東京の暴力団には大卒や大学中退者が多く所属している組がありますが、彼らはボクシングや空手など格闘技系クラブの出身者が多いようです。そのためいきおい警視庁にも同級生が奉職しているといった皮肉な事実が見られます。

また、二五歳以上で組に入ってくる者はモノにならない、と東京のある組長から聞いたことがあります。入団する主な世代とは、根性がちがい、また組員としての身ごなしやセンスが身につかないのでしょう。

暴力団の求人活動

では、暴力団に入って、当人の生活はどう変わったのでしょうか。

プラス面では、「大きな顔ができる」三八％、「気ままに暮らせる」三一％、「仲のよい仲間ができた」二一％、「金回りがよくなった」一七％、「女にもてるようになった」一四％、「単調な生活から解放された」一二％、「貢《みつ》いでくれる女ができた」九％、「仕事上便利になった」六％と続きます。

組員になると、女性は敬遠しそうなものですが、逆に「格好よい」「貢いでくれる」などと、女性にもてています。実際、不良や組員を好きになる女性は結構いるのです。どういう心理が働いてそうなるのか、男にとっては不思議なことなのですが。

女に貢がせる、つまり女のヒモになるのは組員の基本的なシノギの方法です。警察庁の分類では「女依存型」となり、末端の組員の代表的な生活様式になります。

女性に生活を依存することを嫌う組員でも、逮捕や服役で身柄を拘束された場合、留守家族の生活をまかなうのは、その家の主婦、つまり組員の妻、「姐《あね》さん」であり、姐さんはほとんどの場合、手に職を持っていませんから、繁華街に出て、水商売や風俗業に就きます。

組員はいやおうなく女のヒモにならざるを得ない局面に立ち至ります。こうした流れが頭にあるせいか、組員の妻や愛人には美人や妖艶な女性が多いのかもしれません。いざという時、「売り物」になるからです。

一方、暴力団に入ったマイナス面では、「まともな友達が去った」二七%、「これでよいのかと不安」一八%、「世間の目が冷たくなった」一七%、「親に見放された」一四%、「家族のもめ事が増加」七%、「仕事がしにくくなった」五%、「体を壊した」五%という結果になっています。

たいていの家族では、家族のひとりが暴力団に入ったとなれば、そうとう紛糾《ふんきゅう》するでしょう。摩擦《まさつ》が起きて当然ですが、それを振り切っても組員になる人がいるわけです。

組に入るような人は子供のころから悪ガキです。ヤンチャ、不良、番長、いろいろな呼び方があるでしょうが、要するに親も手に余すワルが多いのです。現実に、思い余って暴力団の組長を訪ね、「うちの子をぜひ預かってくれませんか。お願いします」と頼み込む親もいると聞いています。

組員になるコースとしては、年齢がさほど違わない組員と知り合い、一緒に遊ぶうち、いつか組事務所に出入りするようになったり、組員から「いっそ組に入れよ」と誘われたり、といった風に進行するケースが多いようです。中には、少年院で知り合った友人や小・中学時代の同級生が組員だった、などの例もあります。

若者が盛り場で暴力団組員と大立ち回りになり、優勢に闘っている最中に、組員たちの親分が登場し、「面白い奴だ、見どころがある。一度事務所に遊びに来い」とスカウトされる場面が映画などで見られますが、実際にそうした勧誘のケースもあるようです。

女性は入団できるか？

もちろん若い女性が暴力団に組員候補としてスカウトされることはありません。組員の嫁さんや愛人になるくらいがせいぜいです。右翼には少数ですが、女性隊員がいるようです。ただし暴力団でも稀《まれ》なケースですが、中年以上の女性が組長や組員になることはあります。

たとえば、夫の組長が服役した、あるいは死亡した場合、幹部層にしっかりした若い人がいなければ、残された組長の妻が組の采配《さいはい》を執《と》ります。女性であっても気性が激しく、組のシノギが覚醒剤であっても、若い衆の尻を叩いて平然と切り回し、組の代表として上部組織や他団体ともそつなくお付き合いする。最後は逮捕され、女子刑務所で服役することになるのですが、そういう「女極道」の手記を読んだことがあります。

フィクションではなく、実話です。まあ、それほど「女極道」はレアケースなわけなのでしょう。

待遇は親分次第

暴力団は「無職渡世」といわれるくらいで、職業を持たないからヒマです。よって昼の日中からいい若い者が組事務所に屯《たむろ》し、所在なげにテレビや雑誌を見たり、雀卓や「チンチロリン」（サイコロ賭博の一種）の丼《どんぶり》を囲んだりできるわけです。

たいがい組事務所は手狭なオフィス程度、手前に応接セットがあり、突き当たりにデスクがあります。ふつうのテレビのほか、モニターカメラで玄関や裏口を映し出す受像器が置かれ、以前は小さな木片に組員の名を記した名札がズラッと壁一面に掛けられていましたが、今では要らざる個人的な情報などを外部に安易に与えないため、外している事務所が多いようです。

組に入れば、たいていは部屋住みになります。組長の自宅と事務所が兼用ということも多く、組長の家に住み込むことになります。若い衆の部屋は狭く、壁には「犬の散歩は朝夕必ず二回」とか貼り紙もしてあります。組長に奥さんはいても、奥さんはほとんど組のことに立ち入らず、組員が掃除、買い物、犬の散歩や餌《えさ》やり、場合によっては調理なども行います。

お客さんが来ればおしぼりを出し、お茶やお菓子を礼儀正しく差し出すのです。灰皿はきれいにしてひんぱんに取り替え、酒席になれば、そばに控えていて、ビールを注ぐのも、水割りやお湯割りをつくるのも、すべて若い者の仕事です。組長が外出するときには運転手や護衛役もつとめます。

部屋住みの間、組長や兄貴分が、こづかい程度の金銭はくれます。しかし食と住が保証されているので、多くはもらえません。ヒマなときには兄貴分のシノギについて歩き、場合、場合に応じて、人にどう対応するとお金になるのか、現場で観察して覚えることになります。

そうこうしながら、がんばっていると、組長から親子の盃《さかずき》を許されるときが来ます。

一般にテキ屋系は式事が整備され、博徒系は重視しないというか、いい加減な形式が多いそうです。大きな組でも襲名式や、組を代表する者の兄弟盃など、重要な式事では、媒酌人などを交際のあるテキ屋系の組長に頼むことが多いようです。彼らの方が場数を踏み、口上も淀みなく粛々《しゅくしゅく》と式を進められるからです。

もちろん、部屋住みの若い衆が、正式に子分としての盃を許されることなどはあまり重視されず、会場も組長の家であったり、近くの料理屋の二階でも借りて、簡単に済ませます。媒酌人も組長が親しくしている兄弟分などがつとめる場合が多いようです。それればかりか、親子盃そのものが省略されることも多く、現代では組員の四割程度しか親子盃を経験していないという調査もあります。

親子盃を交わすとなれば、映画などでよく知られたセリフが出てきます。

「産みの親がいるのに、改めて今日から〇〇さんの子分となるからには、親の言うことは、白いものを黒いと言われても、『はい』と言わなければならないが、それを覚悟してこの盃を受けなさい」

場合により適当に省略されますが、精神においてはこの通りです。だから組員になった者は、よほど組長が物の分かった人でないと、途中で、あまりにバカバカしくて、やってられない、とつくづく思うことになってしまいます。

科学警察研究所の調査によれば、「親分に盃を返したい、あるいは親子関係を解消したいと思うことがしばしばある」と答える組員が一四・六％、「ときおり親子関係を解消したいと思うことがある」とする組員が二九・三％もいて、両方の回答を合わせると、四三・九％の組員が必ずしも親分に心服していないのです。組員になったとはいえ、現代の若者ですから、絶対的な上下関係に不満や不信があるのは理解できます。理不尽なことにも従わざるを得ませんし、ダメな親分の場合、不満が募るのも当然でしょう。

親子の縁を結び、正式に暴力団の組員になれば、部屋住みの時代とは逆に、組員が組長のために、お金を差し出すようになります。組で決められた毎月の会費や、「義理」とか「義理ごと」とかいわれる慶弔交際費などとは別にです。暴力団は交際する団体が多いこともあり、毎月の慶弔交際費が嵩《かさ》む大変な世界です。やれ葬式だ、やれ放免だ（刑務所からの出所祝い）、やれ盃だ、とお金は出ていく一方です。

つき合いよく出しておけば、自分がもらうときには、その分が返ってくる、だから同じなんだ、と自分を慰《なぐさ》めるようにしている、と言う組員もいますが、たいていの場合、自分がもらうときは自分が死んだときでしょうから、「義理ごと」に懐疑的になる気持ちもわかります。

自分の懐《ふところ》に余裕があれば、なるべく親分にこづかいを渡しますが、その理由は、親分が、親も持て余した自分を組に迎え入れて、組の名前や代紋を使ってもよい、それでこの世をシノげ、と許してくれたためです。こうして稼げる身分にしてくれたのは組長のおかげだ、という気持ちの表れからなのです。

組員は組の名前を使ってもいいという許しの下、飽くまでも自分の才覚と努力でシノギを行います。同僚（つまり兄弟分）と一緒に動く場合もありますが、基本は自営なのです。ある面、全国展開するフランチャイズのコンビニチェーンに加盟する店舗のオーナーに似ているとも言えます。全国ブランドの知名度や威迫力《いはくりょく》を利用して商売するわけですから。

出世の条件

ヤクザについて昔からいわれている言葉に、「バカでなれず、利口でなれず、中途半端でなおなれず」があります。

組員は目端《めはし》が利《き》き、向き合っている人間が何をどう思っているか、一瞬のうちに読み取らなければ、恐喝もうまくできません。そのため、空気が読めないようなバカでは、暴力団の組員にとてもなれそうもありません。

利口な人は最初から組員になどなろうとしないでしょうから、これまた利口が組員になれないのも分かります。中途半端な人も組員に向いていません。これも分かります。中途半端な考えの人はどのような分野でも、適性がないといわれそうです。

だったら、どのような人が暴力団の組員として適性があり、暴力団での出世の階段を上っていくことができるのでしょうか。

筆者がかつて取材したある中堅組員は、先ほど引用した言葉とはまるで逆のことをこのように語っていました。

「ヤクザいうもんは、バカか賢いか、どっちかでなかったら、絶対出世でけへん。ほんまのバカか、一風変わった頭の切れる人間やなかったら、ヤクザで名を売ろうと思うても無理や。中途半端な人間やったら絶対ダメや。いつまで経ったって、ウダツの上がらないヤクザで一生暮らさなァあかん」

中堅組員のこの言葉の方が分かりやすいような気がします。そういえば、ふつうの社会でも、バカか賢くなければ、大出世できないのかもしれません。いったんこうと決めたら、「コケの一念」で突き進むのが、暴力団や非暴力団を問わず、出世の条件なのでしょうか。

では、組員が組の中でこうした出世をするにはどうしたらいいのでしょう。

出世のルートは二つあります。

一つは組と組とが対立し、抗争する場合、組の威信を背負って、相手側の幹部や組員を殺傷することです。これは組のために自分の身体を賭けた行為であり、組の中では大いに賞揚《しょうよう》されるのです。

実行犯の組員は、事件後、たいてい逮捕されて、長期間、服役することになりますが、その間、裕福な組でしたら、その組員に手厚く差し入れ、また組員が家族持ちなら、残された家族に毎月、三〇万円前後の生活費を届けます。組員が刑期をつとめあげ、出所したときには彼を幹部待遇で迎え、住宅さえ買い与えてくれるかもしれません。

しかし、貧乏な組はこうはいきません。差し入れや面会さえ満足にできず、服役している者が寂しい思いをしたという話はよく聞きます。服役者はヒマで外界と断たれた世界にいますから、差し入れや面会、手紙だけが日々の楽しみであり、それらの多さは、「いかに組が自分を大事にしてくれているか」の証明であり、服役仲間の間で大きな顔ができる理由になります。

ですが、たとえ裕福な組であっても、十分な待遇を与えられるのは、その後も組の経営が順調な場合に限ります。組員が服役中に組長が亡くなり、残された幹部が組員の面倒を見なくなるケース、あるいは組そのものが消滅してしまうケースなどがまま見られます。

というのは、組員の量刑は一般人以上に厳しく、相手側一人を殺しても無期刑や死刑、懲役二〇年といった場合があります。二人を殺せば間違いなく無期か死刑になるはずです。運よく組は残っていても、刑務所を出たときは七〇歳近かったというのでは、組で出世する意味はほとんどありません。

だから、最近は敵側の人間を殺傷しても、実行犯が警察に自首せず、事件の迷宮入りを狙う場合が増えてきました。未解決事件にすべく、上層部も実行犯について、ほおかむりをきめこみます。

しかし、そうはいっても、近年はめっきり抗争の数が減っていますから、こうした暴力ルートで出世することはますます難しくなっています。

もう一つの出世の方法は、うまいシノギを見つけてお金をたくさん稼ぎ、せっせと自分の親分の許《もと》に運んでお上手することです。

親分にしても、お金はいくらあっても邪魔《じゃま》になりません。お金を運ぶ組員を可愛く思い、贔屓《ひいき》にして、人より早く引き立ててくれます。もっとも一次団体から五次団体まであるピラミッド構造の末端で出世しても、どうってことはありません。

その場合は、自分の親分の親分にもお金を運び、目を掛けてもらい、可愛がってもらうことです。親分の親分もやはり魚心あれば水心ですから、やがてはその組員を引き立て、組員の親分と同格のレベルまで抜擢してくれることがあります。

これは組員の親分を頭越しにする昇進工作ですから、組員直接の親分には憎まれ、嫌われます。

しかし、親分の親分が進めた人事なら、組員の親分はなにも文句を言えませんし、組員を罰することもできません。

こうやって次々と上のピラミッドまで階段を上っていけば、やがては、たとえばの話、山口組本家に属する直系組長にも、若頭補佐にもなれるわけです。現実にこうした昇進工作をこなして出世した暴力団幹部もいるのです。

組員の性格分析

ところで話は変わりますが、『病理集団の構造』（誠信書房）という本があります。一九六三年に刊行されたこの本は日本のヤクザ・暴力団研究で有名な古典になっています。

この本を書いた岩井弘融は「ヤクザ気質・その病的性格」という項で「力の原則、男の観念、攻撃性、瞬間的感覚、宿命主義、マゾヒズム的性格特徴、外界の敵視、退行的原始的諸行為」を組員の性格特性として列記しています。

たとえば、ちょっと長くなりますが、こんな記述があります。

「ヤクザ気質の中軸は、第一に、何にもまして原始・粗放な『力』をその信条とする。人間に誰しも存するところの生物心理的要求としての力の追求（the quest for power）は、この病的集団心性の扇の要であり、すべてはこの力を中心に布置されている。

病的とは、この力の追求がきわめて原始的であり、単純な物理的暴力として表現されるからに他ならぬ。その過剰な力の追求欲は後述の自己顕示の特徴と随伴し、またその過剰性による神経過敏や、劣等感とその補償作用としての自己膨張や自己卑下を生んで来る。

それはともあれ、この社会における地位も支配も、その最後の決定要素は暴力であり、その爆発的な行動が英雄視される。暴虎《ぼうこ》馮河《ひょうが》の勇といわれる単純暴力そのものが、彼らの生命線である。これを抜きにして、ヤクザ気質はありえない。その最大の目的は、力によって他人を支配し、出来事を操作して、その社会での身分を獲得することにある」

（注・引用文の一部に改行を施しました）

組員の中にも痩《や》せて背が低く非力な人もいますが、仲間を動員して的確に相手を痛めつけることができれば、最後には必ず勝てます。

なにより組員は暴力なのです。この暴力は拳銃などの道具を使ってもいいし、仲間を集めて少数の相手を袋叩きにしてもいいのです。喧嘩《けんか》のやり方として汚いとか卑怯《ひきょう》だとかは暴力団の世界では基本的に関係ないのです。

しかし、暴力は高くつきます。警察の捜査が入り、自分が逮捕されるか、逃亡しなければならなくなるときもあります。傷つけた相手に見舞金や慰謝料を払う必要が生じることもあるでしょう。この意味で、暴力を振るうのはバカなことなのですが、組員はバカを承知で暴力に突き進む性格を持っていないと、組員をやっていられないし、出世できないのかもしれません。

また一度暴力を振るっておくと、あの組は何をするか分からない恐ろしい組だと一目置かれて、その後は「殺《や》るぞ」と脅すだけで目的を達成することがあります。毎度暴力を振るっていると経済的に割に合わなくなりますから、こういう「恐怖イメージ」をわざとつくって、シノギを続けていくわけです。これにより暴力に伴う経費の縮減を図ることができる目算があるともいえます。

しかし、これはあくまで基本であって現実とは少々ちがっています。現在では、大きな暴力団は他の組を相手取った抗争をしないようにしているばかりか、実質的に組員の喧嘩も禁じています。というのは、民法や暴力団対策法で定められた組長に対する「使用者責任」を法的に追及されることを恐れているからです。

もし傘下の組員が誤射や流れ弾で一般人や警官を殺傷した場合、本人や遺族に裁判を起こされ、組の一番のトップ、山口組なら組長の司忍が損害を賠償することにつながってしまうためです。

最近は組員に恐喝されたケースでも、トップに対して損害賠償請求の裁判が起こされています。民事裁判ですから、訴えられたからといってお金で済むことが多く、組長が刑務所に入れられることはないのですが、それでも組員に喧嘩するな、組の名を出してシノギをするな、上に迷惑を及ぼすな、と厳しく言っています。山口組の傘下では、組名や山菱の代紋が入った名刺を回収して、廃棄することも行われています。事が紛糾した場合、上層部が損害賠償の責めを負いたくないからです。わざわざ名刺を切らなくても、ふつう周りの人間が組員と知っていますから、自然と当事者の耳に入って、組員としては目的を達成できるかもしれない。何ごとも自己責任でやれといったつもりなのでしょう。

こういうわけで、いくら組員が暴力性を本質として持っていても、暴力を振るう場がない状態なのです。もちろん組員としては不満があります。

兵庫県下の繁華街で、山口組系の組員二人が客引きの若い男たち五人に囲まれ、ぼこぼこに殴られたことがあります。組員二人は組事務所に取って返し、包丁や金属バット、ヌンチャクなどを持って客引きに復讐しようと飛び出そうとしたところ、組の上層部に引き留められたそうです。

「絶対やるな。殴られたら殴られ放しで帰ってこい。それで正解だ。仕返しして、もし親分が謹慎など、上から処分を受けてもいいのか」

組員二人は歯がみをして悔しがり、「仕返しできんようなヤクザなら、ヤクザやってる価値なんかあらへん」と親分にもらった盃を叩き割って、組を出てしまったそうです。

本来、暴力団は喧嘩に負けたり、堅気の者に舐《な》められたりしたら、シノギができないはずですが、今はとにかく組員に事件を起こさせないように上の者は必死なのです。

なぜ刺青を入れるのか？

組員の多くは身体に刺青を入れています。これは上の者に強制されて入れるのでしょうか、それとも自発的に入れているのでしょうか。

たとえば、兄貴分が刺青を入れ始めたとして、「お前も入れたらどうだ。なかなか腕のいい彫り師だぞ」などと誘われることはあっても、強制的に入れさせられることはありません。自発的に入れるのがふつうです。

では、なぜ入れるのでしょうか。

ある研究者は刺青を入れる動機を次の四タイプに分類しているそうです。起請《きしょう》彫り（願い事）、恋愛彫り、伊達《だて》彫り、威嚇《いかく》彫りの四つです。

組員の刺青は、入れることで周りの人に恐怖感を与える威嚇の狙い、あるいは立派なものを入れれば仲間うちで幅が利くといった意味合いがある、伊達彫りの動機があると考えられます。

たとえば、蜂《はち》は黒と黄色の段だら模様で、近づくな、近づくと刺すぞと脅しています。これを「警戒色」といいますが、暴力団の刺青も警戒色なのかもしれません。俺が横車《よこぐるま》を押しても、おとなしく従え、従わないと殺すぞと無言で脅し、その脅しに効果があれば、その分、実際に暴力を振るう経費を節約できます。こうなれば刺青も組員たちの経済の合理性ということで説明がつくかもしれません。

しかし、暴力団の刺青は、伊達彫りだけではありません。

機械彫りはそれほど痛くないといいますが、それでも薄い皮膚の下はすぐ骨といった部位では脂汗《あぶらあせ》が出るほど痛いそうです。まして旧来の縫い針を束ねた筆先で突き、色を入れていく方法は長い間、非常な苦痛を堪え忍ばないと完成しません。関西で刺青のことを、「ガマン」とか、「ガマ」というのはこの苦痛を耐えることから来ているそうです。

それで暴力団の道に入った自分の気持ちを確かめるために、つまり入った以上は何があっても、この道から逃げようとはしないという意味で刺青を入れる者もいるようです。こういうタイプは起請彫りに分類されるかもしれません。

しかし、暴力団のすべてが刺青を入れているわけではなく、たとえば山口組の四代目組長だった竹中正久は刺青を入れていませんでした。

実弟の竹中組組長・竹中武から聞いたことがあります。

「兄貴（竹中正久）だけでなく、わしらもみんな身体はきれいや、入れてへん。墨みたいなもん、痛い目して、高い銭出してやな、体に悪いいうこと分かっとって、入れるいうの、わしらおかしいと思うわ。

あれはもう、刑務所へ行ったときにな、やっぱり身体のこまいヤツとか、坊主頭にしたら堅気と間違えられるようなもんが入れとることが多いわ、はっきりいうてな。一概には言われへんで。痛い目におうても辛抱するんや。気持ちが変わらんようにするんや、いうもんもおるにはおるで。だけどな、刑務所行くさかい、途中までやったやつ（刺青）をきれいに仕上げてくれとかやな、そういうことをよう聞くからな」

確かに刺青では針の使い回しで、C型肝炎が組員に蔓延するようになったことがあります。組員の多くは肝臓病でなければ、糖尿病を患《わずら》うケースが少なくありません。

だから針は使い捨てるようになりましたが、それでも肝炎に感染します。調べてみると、針は使い捨てでも、色のインクは一人一人別ではなく、相変わらず使い回しなのです。インクから針にウイルスが感染して刺青する人の体内に入ります。そのため、組員にはまだまだC型肝炎感染者が多いのだそうです。

あまりの感染者数の多さに、山口組の主流派である弘道会（名古屋）では、直系の全員に対して組の費用で三ヶ月間、集中的にインターフェロンを投与し、全員の肝臓病を治したと言われています。

なぜ指を詰めるのか？

組員にはまた指を詰める習慣もあります。これはどういうことを意味しているのでしょうか。

指詰めは断指《だんし》ともエンコ詰めとも言います。ほとんどが謝罪の気持ちを表す意味で行われます。ふつうは左手小指の第一関節から先を切り落とすことから始まり、次にまた謝罪しなければならないときには小指の第二関節、その次には小指の根元といくか、あるいは左手薬指の第一関節、または右手小指の第一関節へと移る場合が多いようです。組員によっては左右の手とも小指、薬指、まれに中指までない者もいます。

指詰めには、出刃包丁やノミが多く使われるそうです。平らなところで伸ばした指に刃を当て、金づちで上から叩いて一気に落とすのです。

激しい痛みと大量の出血が伴うことは当然ですが、そのまま放置すると、事後も切り落とされた骨の鋭角の部分が、指先を覆い包む肉と皮膚を圧迫して痛いそうです。そのため、落とした指をアルコールなどに漬けて、謝罪相手に持参し、謝った後、医者に行き、麻酔を打った上で骨の先端を丸く削ってもらうと聞きました。

前記した通り、指詰めのもともとの意味は謝罪や誠意の証しであるわけですが、そこから転じて、自分は断指の痛さを恐れず、誠意をみせたとか、暴力団の組員であると暗示して相手を威嚇するとか、派生的な使われ方もしています。

断指は江戸時代、遊女が行ったことに発しているそうです。客に自分の愛情と誠意を示す（心中立てといいます）ため、腕に「誰それ命」と刺青する、自分の生爪《なまづめ》をはがして客に渡す、といった一連の行為の中で、最大のものが断指だったそうです。そのため「親の譲りの五本の指を　四本半には　誰がした」という情歌もあったそうです。

また断指は制裁の意味で組員に強要する場合もあります。暴力団対策法の第二〇条（指詰めの強要等の禁止）に次の規定があります。

「指定暴力団員は、他の指定暴力団員に対して指詰め（暴力団員が、その所属する暴力団の統制に反する行為をしたことに対する謝罪又はその所属する暴力団からの脱退が容認されることの代償としてその他これらに類する趣旨で、その手指の全部又は一部を自ら切り落とすことをいう。〈略〉)をすることを強要し、若しくは勧誘し、又は指詰めに使用する器具の提供その他の行為により他の指定暴力団員が指詰めをすることを補助してはならない」

たとえば一度は組員になったが、その者が組を離脱したくなり、その旨、兄貴分や組長に伝えたところ、「辞めてもいいが、その場合は指を落としてもらう」と言い渡される場合があります。また組によっては辞めたいという当人、あるいはその家族などから「組抜け料」を取ろうとすることもあります。

さらに名古屋の山口組系の組では「辞めてもいいが、あんたが今まで稼いだ物を全部組に置いていけ。あんたの住まいも会社も全部だ」と言い渡し、言われた組員が拳銃で自殺した事件が起こっています。

暴力団の組によっては、辞めたいという者に対し、あっさり離脱を認める組もありますが、ふつうは脅し、難題を持ち掛け、お金を取ろうとし、素直に辞めさせません。

また、許しがたい不始末をした組員に対しては、組がその者に制裁を加えて追放する場合がありますが、戦前には手足の指を切る、鼻を落とす、手足を切り落とすといったひどい例もあったのだそうです。

大昔の博徒が破門する場合は、その者を縁側に座らせて、その前に杉箸を十文字に置いた飯の椀と小便を入れた椀を置き、むりやり飯と小便を呑み込ませた後、縁側から蹴落としたそうです。もっと残忍な場合には殺しました。

つまり暴力団に入るということは恐ろしいことなのです。

途中で辞めたいと思ったら、地獄の日々になります。サラリーマンも脱サラするには大変な熟慮と決断が必要ですが、組員の暴力団からの離脱は脱サラの何倍も困難です。

もっとも暴力団の組長で高くかわれるのは、率先垂範《そっせんすいはん》で割と自由放任、民主的なタイプのようです。

「暴力団における親分―子分関係では、打算的な利害関係や暴力的な強制力ではなく、親分の能力への信頼と依存、集団の規則、親分への好感や敬愛などが子分の行動を規制する要素となっているわけである。

このことは社会で喧伝されている暴力団の暴力的な集団統制様式、力を原理とする副次文化、成員の大多数が共有する打算的・短絡的傾向や労働の蔑視などに照らして矛盾する現象のようにもみえるが……」（星野周弘「広域暴力団の構造」「捜査研究」一九七八年臨時増刊号所収）

というわけで話の分かった組長もいますし、組員の中には組からの制裁を恐れて、逃亡し、行方をくらます者もいます。暴力団の調査力や追跡力たるや大変なもので、とうてい逃げ切れないなどとよくいわれますが、どうなのでしょう。過大評価かもしれません。

なにしろ他人に無関心なのが現代です。ホームレスなどから名前や戸籍を買って、別人になりすまして生きている元組員もいるわけです。

暴力と信仰

親分が新興宗教の信者であったため、子分たちもその教団にたいてい入るという例があります。たとえば東声会（現、東亜会）を創始した町井久之（本名・鄭建永、故人）は創価学会の熱心な信者であり、夫人もそうでした。そのため東声会の組員には学会員が多かったのです。暴力団と信仰は結びつきにくい感じがしますが、考えてみれば、明日をも知れぬ身、神仏に頼りたくなる気持ちも分かります。中には親分に服して、子分も同じ宗教に、というケースもあります。

また逆に暴力団が宗教を利用するケースもあります。宗教法人は非課税ですから、休眠状態の宗教法人を買い、理事会を入れ替え、規則を変えて、脱税目的に活用しようとします。今までいくつかそうした試みが摘発されています。しかし定着した暴力団＝宗教複合体はありません。知られたら、それでお終《しま》いということで、ことごとく失敗しています。

暴力団幹部が韓国やアメリカのキリスト教系新興宗教に入り、日本支部を創設するか、牛耳《ぎゅうじ》り、警察の取り締まりに対して海外の本部を動かし、いわば「外圧」によって摘発を逃れようとする試みが最近始まっています。まだ模索の段階ですから、成功するか失敗するか分かりませんが、あまりうまくいくとは思えません。オウム真理教の事件（一九九五年）以来、警察も都道府県の学事課（宗教法人を所管）も法人の動向に敏感ですから、簡単には認証を下さないのです。

それに暴力団の首脳部以外はおおよそ納税していません。恐喝に使ったピストルの購入代金を必要経費として認めよ、とは言い出しにくいですから、納税から足が遠のくのも分かります。というわけで、脱税をコトとしているわけですから、あらためて宗教法人を使って、脱税する必要がないわけです。税務署が面倒そうな人間を避け、取りやすいところから税金を取っているのは広く知られた事実です。

第四章　海外のマフィアとどちらが怖いか？

海外の暴力組織とは？

日本の暴力団に似た組織がたいていの国にはあります。そういう組織、グループは「組織犯罪集団」として一括できますが、代表的なのはイタリアやアメリカのマフィア、香港の三合会、台湾や中国の流氓《リュウマン》、コロンビアのカルテル、そして日本の暴力団などでしょう。

二〇〇〇年一一月、国連総会は「国際組織犯罪防止条約」（国際的な組織犯罪の防止に関する国際連合条約）を採択しています。日本も〇三年にこの条約を国会で承認しています。

同条約は「組織的な犯罪集団」をこう定義しています。

「三人以上の者から成る組織された集団であって、物質的な利益を直接又は間接に得るため重大な犯罪又はこの条約で定められる犯罪を行うことを目的として、一体として行動するものをいう」

日本の暴力団は大きすぎる嫌いはありますが、この定義を十分すぎるほど満たしています。

また同条約でいう「組織された集団」とは、

「犯罪の即時の実行のために偶然に形成されたものではない集団をいい、その構成員について正式に定められた役割、その構成員の継続性、又は発達した構造を有しなくてもよい」

としています。

たとえば在日の不良外国人で、金庫破りが得意な者がいたとします。この男は五日後にAという金庫を狙いたいと考え、その実行犯や見張り、運転手役を友人や知人の中から選び、その者たちがいずれも参加すると答えたとします。

Aという金庫破りを目的に臨時に結成されたチームですが、これも偶然に形成された集団ではないのですから、「組織された集団」です。ジョブごとに参加メンバーの組み替えがある犯罪チームでも「組織的な犯罪集団」になります。

では、マフィアなど外国の組織犯罪集団と日本の暴力団とは、どこがどういう風に違うのでしょうか。

一番の相違点は、日本の暴力団はかつて社会から半ば認められた歴史を持ち、そのためもあってか、存在を隠そうとしませんが、外国の組織犯罪集団はおおよそ正体を隠し、匿名的に秘密裏に活動している、といえるかもしれません。

しかし、これも程度問題に過ぎないところがあります。

というのは、日本の暴力団は目立ちたがり屋で、たいがいの幹部がメディアから声が掛かると、割と気軽に写真に写りたがったりする傾向があるのですが、米マフィアについての本や映画を見ると、彼らにも少数ながら気を許した記者がいるらしく、案外気軽に打ち明け話をしたりしています。まあ、自己顕示欲の点では、組織犯罪集団のメンバーは洋の東西を問わず、あまり差はないのではないか、という気もします。

欧米のマフィア

さて、主だった外国マフィアを具体的に見ることにしましょう。

マフィアといえば、組織犯罪集団の代表格ですが、もともとはイタリア・シチリア島の組織犯罪集団がマフィアです。同じイタリアでもシチリアに近いナポリの犯罪集団は「カモッラ」と呼ばれます。またシチリア島に向き合うカラブリア州を根城にする集団は「ヌドランゲタ」と呼ばれます。

日本人から見れば三つとも同じような組織犯罪集団ですが、三つを総称して、マフィアと呼ぶことはないようです。

マフィアは一八六グループ、約四〇〇〇人、ヌドランゲタは一四一グループ、約五〇〇〇人、カモッラは一〇六グループ、約六〇〇〇人いるそうです（加藤久雄『組織犯罪の研究』成文堂）。

日本の山口組、住吉会、稲川会の三広域団体とほぼ規模は似ているのかな、という感じです。イタリアにはこれとは別にサクラ・コローナ・ウニータという組織があり、こちらは三〇グループ、約一八〇〇人のメンバーを擁し、前記の三つと合わせて四大犯罪組織というそうです。

アメリカにはイタリア系の組織犯罪集団が存在し、それはふつうマフィアと総称されています。ニューヨークではコーザ・ノストラ（われわれの身内）、シカゴではアウトフィットと呼ばれることもあるようです。

米マフィアのご先祖はシチリアなどからのイタリア系移民です。彼らは最初、米ニューオリンズに上陸し、徐々にニューヨークやシカゴ、ロサンゼルス、サンフランシスコなどの大都市に拡散したようです。

一都市に一ファミリーが基本ですが、ニューヨークだけは五つのファミリーがあったため、争いが絶えなかったといいます。

ファミリーのリーダーがボスです。カポやドンとも呼ばれます。ボスは山口組でいえば直系組長に相当するかもしれません。その下がアンダーボスで、直系組の若頭に相当します。アンダーボスの下には何人かカポレジームと呼ぶ幹部（キャプテン）がいます。カポレジームはそれぞれにソルジャー（兵士）を持ち、ソルジャーの配下としてアソシエーテ（準構成員）がいるそうです。

また、ボスはコンシリエーレという顧問を持っています。

山口組の直系組にも顧問や相談役はいますが、どちらも一線を退いた長老のイメージですから、日常のごたごたを解決する役としては、むしろ総本部長や若頭補佐に当たるのかもしれません。

アメリカの場合ですが、各ファミリーの上にコミッション（全国委員会）があります。マフィアの最高決定機関であり、ファミリー間の争いを解決し、各ファミリーに縄張りや商売を割り振ります。コミッションはニューヨークの五大ファミリー、フィラデルフィア、バッファロー、デトロイト、シカゴのボスにより構成されているそうです。シチリアマフィアにもシチリア・コミッションがあります。

日本でも関東の博徒系暴力団が「関東二十日会」という連絡親睦組織をつくっています。七二年一〇月に東京・向島の料亭で結成されましたが、発足当初の参加団体は稲川会、國粋会、東亜会（町井久之が率いた東声会の後身）、交和会（前身は北星会）、義人党、住吉会、松葉会、二率《にびき》会、双愛会の九団体でした。

発足当初から、山口組の東京進出を許さない関東暴力団の集まりといった意味を強く持っていました。そのため関西を主たる地盤にする山口組はもちろん、他地方の暴力団は入れていません。

関東二十日会は月代わりの当番制で、毎月二〇日、夕方から月当番が決めた会場で会合を持ち、参加する各暴力団の間で抗争事件が起きれば、当番が責任を持って早期に解決するよう調停しています。

しかし参加団体のうち、一九九二年に義人党が解散し、九四年に交和会が稲川会の傘下に入り、二率会が実質的になくなり、二〇〇五年には、國粋会が山口組の傘下に入って、関東二十日会を脱退しました。そのため今残っているのは五団体だけで、活動も低調気味です。

またテキ屋系暴力団は関東二十日会とは別に、八四年「関東神農同志会」という連絡調整組織をつくっています。中核組織は極東会で、関東二十日会とは毎年一回合同食事会を開いています。

公然か秘密か

話を戻しましょう。

全アメリカには二六〜二七ぐらいのファミリーがあり、ＦＢＩは約二〇〇〇人がマフィアのメンバーと見ているそうです。日本の暴力団の構成員数は、準構成員を含めず構成員だけで二〇一〇年末現在、三万六〇〇〇人ですから、日本の五〜六％しか、アメリカにはマフィアがいない計算になります。

もっとも一人のマフィアと行動を共にしているものが一〇人はいると言われますから、

少なく見積もっても構成員数は二万人になるとのことです（加藤氏の前掲書より）。アメリカの人口はおおよそ日本の二・四倍です。それでもマフィアの数は日本暴力団の二分の一です。人口比でいえば四分の一と少ないわけですが、そう感じられないのはアメリカにはイタリア系マフィアの他、メキシカンマフィア、コロンビア系のコカイン・カルテル、中国系やベトナム系犯罪グループ、黒人系犯罪グループなどが別にあるせいかもしれません。

警察庁の刑事企画課の課長補佐だった山崎裕人は、一九八三年にアメリカの犯罪組織を調査・研究し、日本の暴力団と対比して、こう述べています。

「日本社会における暴力団とアメリカ社会における組織犯罪とを比較して、その最大の相違点は、公然性と非公然性であろう。我が国の暴力団は、その存在については、組の事務所を市街地に開設し、代紋を堂々と掲げるなど、一般市民の十分知るところであり、また、暴力団各組内の機構や序列、その活動等についても、相当部分が把握されている。

一方、アメリカの組織犯罪は、正に徹底した秘密組織であり、組織の全容は厚いベールに覆われている。したがって、組織に関する情報は、組織内協力者や事件検挙時の資料等断片的なものしかなく、これらをつなぎ合わせていくことによって、犯罪組織を類推するほかないのである」（山崎裕人「アメリカにおける組織犯罪の実態と対策」「警察学論集」一九八三年一二月号〜八四年四月号所収）

前にも触れましたが、日本の暴力団は社会から半ば認められた前史を持っています。町奴《まちやっこ》、ヤクザ、極道と呼ばれた昔から、その虚像部分でしょうが、浪曲や講談、歌謡曲などに歌われて庶民から愛され、ときに英雄視された一面さえ持っています。

だからこそ、男を売り出すとか、街の顔役とかいって、素顔や素性を知られても平気でした。逆にいえば、顔を知られ、名前を知られてナンボといった一面があるのです。そのかわり自らを律するところもあって、たとえば堅気の人を殺傷しない、泥棒は仲間に入れてやらない、同僚の奥さんは取らない——など、いくつか禁止事項を持っていました。

今はこういう倫理がほとんどなくなっていますが、それでも自分は半ば社会に受け入れられているという自信があるのでしょう。さすがに表通りに突き出すような看板は見なくなりましたが、目立たないようこっそり階段横などに看板を出す組はまだまだあります。

つまり日本の暴力団は「反社会的集団」であると同時に「半社会的存在」でもあった

わけです。以前は半分ほど社会に認められていました。その点、米マフィアは非公然そのものという指摘です。

映画『ゴッドファーザー』を見ても分かるように、米マフィアの故郷はシチリアです。シチリアマフィアの起源はガベロット（農地管理人）という説があります。ガベロットはならず者を配下に集め、武装の上、山賊から農地を守るなど村の秩序維持を図りました。彼らは大地主に支払う地代を値切る一方、農民からさんざん搾取し、富を貯え、やがては政治権力と結んで地方政治ばかりか国政にも手を出していきます。

それがマフィアと政・官・財との癒着の素地になり、今でもイタリアの病根といわれるほど、マフィア型犯罪集団と政・官・財界の首脳や中枢部との強い癒着になっているようです（飯柴政次『組織犯罪対策マニュアル』有斐閣選書）。

日本の暴力団は庶民の出身ですが、シチリアマフィアは中間的な寄生階級の出であり、庶民を敵視するから「オメルタの掟《おきて》」（服従と沈黙の掟）を後生大事に守っているといえるかもしれません。

マフィアに対して暴力団は庶民的だと言うと、日本の暴力団を美化しすぎかもしれません。

ですが、とにかく暴力団組員は平気で外部に向かっても、自分の親分の悪口を言います。サラリーマンにとって最高の肴《さかな》が上司の悪口や陰口であるのとそっくり同じです。日本の暴力団組員にも「オメルタの掟」と同様、特に警察の取調べに対して完全黙秘することを尊ぶ習慣はあるのですが、マフィアに比べれば口はかなり軽いようです。

香港「三合会」幹部は語る

中国圏にもマフィア的な組織犯罪集団があります。

まず香港ですが、組織犯罪集団の総称を「三合会」（英名はトライアド）と言います。三合会の中で、日本でも特に知られているのは一四Kや新義安でしょうが、一四Kには一九のグループ（「堆《ショイ》」と言う）があります。香港警察の発表によれば、三合会は一〇系列、五六組織があり、メンバーの合計数は二〇万人を超えているだろうとのことです。

筆者は、香港が中国に返還される直前、九七年四月に一四Kの「徳」グループの首領（香主《ジャンシュ》と呼ばれる）にインタビューしたことがあります。一四Kという系列全体の首領を龍頭《ルンタウ》（ドラゴンヘッド）といいますが、ここ十何年来、龍頭は空位のままだそうです。

香主はそのとき六三歳ということで、仕立てのいい背広に身を包んだ痩せた老人でした。それらしいところはわずかに鋭い眼光と、もてあそぶ純金製のライター、時計、付き従える二人の屈強な若い衆ぐらいなもの。一見、成功して、押しも押されもしない実業家風でした。

三合会の幹部が内部のことを話すのは、非常に珍しいことなので、インタビューのさわりをちょっと紹介してみましょう。

香主の話から香港の三合会のイメージが徐々に摑めてくるはずです。

――一四Kのメンバーは何人いますか。

香主「古くは一四Kには三六の堆があるとされていました。各堆に何人のメンバーがいるか合計を出すことはできません。ただどの堆がメンバーを多く抱えているか、どの堆が何のシノギをメインにしているかといったことはおおよそ分かります。各堆がどこの通りを縄張りにして、どこの店の用心棒をしているか、その程度のことは分かるのです。

なぜメンバー数が分からないのか。たとえば直系の子分は入会のとき、きちんと式事をやっていますが、その子分の子分となると、式をやっていないからです。自分の親分が一四Kだから、わしも一四Kだと自称するような人間が結構います」

――香港全体を見ると、近年、新義安（潮州系の組織）がのしてきたと聞きます。実際はどうなのでしょう？

香主「どちらの方面でのしているのですか。たまたまここ二、三年、新義安と香港映画の関係や、中国政府との関係がニュースになって新聞やテレビで伝えられたから、一般の人が見ると、すごいことをしているなと誤解しているのではないでしょうか」

――たとえば新義安は中国政府の高官である陶駟駒《とうしく》公安部長といい仲だとか、先代龍頭である向前《ヒョンシン》のたしか二番目の息子、向華強《ヒョンワキョン》が映画制作の「三和」、三番目の息子、向華勝《ヒョンワセン》が同じく「永盛電影」を経営している上、広東・広州市に「東方電影世界」というディズニーランド風の施設をつくったとか、そういった意味で言ったのですが。

香主「新義安だけでなく、私もそうですが、大陸で事業を始める者は誰でも現地の政府関係の人間と親しくつき合わなければなりません。そうじゃないとやっていけないんです。新義安も同じこと。特に新義安の場合、遊園地や映画など、マスコミに扱われやすい事業なので目立つだけでしょう。どんな組織、どんな人間でも、中国で事業を始めるとなると、政府の幹部たちと親しくしないと許可が下りないし、現地のチンピラたちとうまくつき合わないと多少とも商売を妨害されます。そういう利便上のことで関係がいいといわれるわけでしょう」

(注・二〇一〇年三月、香港警察当局は新義安に対し大規模な手入れを行い、七八人を逮捕したといいます。容疑者のうち三一人が中学生と高校生だったそうです。香港の組織犯罪集団は低年齢化で、日本の高齢化とは逆なのです)

――あなたの堆は、一四Kの数ある堆のうち何番目ぐらいにランクされていますか。

香主「三六堆あるといっても、香港で存続し活動している堆はいくらもありません。私の『徳』はきちんと縄張りを持ち、風俗店の用心棒や、メンバー自身が風俗店や飲食店の経営もしています。若い組員は女の子をナンパして風俗店で働かせるとか、シノギはさまざまです。

うちのメンバーは私が盃を許した者だけでも確実に三〇〇〇～四〇〇〇人はいます。一四Kの中でもメンバーはきわめて多い方です。いったん加盟した後、組織を離れ、正業に就いたような組員もメンバーとして累計で数える習慣があります。だからうちの現役メンバーというと、四〇〇〇～五〇〇〇人はいるでしょう。子分の子分の、そのまた子分が何人いるかは分かりませんから、正確には分からないのですが」

――あなたの「徳」堆では、最末端の子分があなたの顔を知らないとか、同じ組に属する組員同士で喧嘩したり、抗争したりすることはありますか。

香主「私の顔を知らない子分はたくさんいます。組員同士、実際に喧嘩もしている。なぜなら堆全体の利益より個人の利益を優先する時代だからです。喧嘩している組員の直接の親分が、喧嘩相手の組員の親分と話し合わないと喧嘩は収まりません」

——一四Kは香港の三合会の中でも歴史を持ち、伝統や式事を重視していると聞きます。たとえば暴力を振るう役の紅棍《フンクワン》、軍師役の白紙扇《パクツーシン》、連絡役の草鞋《チャオハイ》など、組内の役職が今でも決められていますか。

香主「そういう呼び方はそれを番号で表すことも含めて、一四Kだけでなく、香港の三合会の全部がやってます。龍頭は四八九という数字で表します。白紙扇は四三八と呼び、この役は龍頭や首領がほかの組と交渉したり、大事な対策を立てたりする際、意見を言う役です。紅棍は四二六で表し、これは今でいう殺し屋になります。もしほかの組と対立して話し合いで解決できなかったり、龍頭や親分が危険な目に遭ったりしたら、必ずこの紅棍が先頭に立って戦うんです。概して若く、体力がないと務まらない役職といえます。

草鞋は四一五と表す。これは情報を伝える役。親分が対策を決めて、傘下の各組や各メンバーに伝えなければならないとき、この草鞋が行います。

最後はたいしたことがない四九《ツエーカウ》。これは何の役職もないチンピラです。もう一つ三合会の人間が『こいつは二五だ』と言うのは裏切り者に対してです。二五は一番最低のクズという意味になります」

——一四Kでは入会の際、鶏の血を飲むなど特定の儀式があると聞いてます。今でも行われていますか。

香主「そういった儀式は私の世代が最後でしょう。式の順序としては、まずそのとき入会する人間（複数）が互いの指先を切って血を出し、盃に注ぎます。その後、鶏の頭を切ってその血を注ぎ足し、皆で飲み分けます。皆が信じている香港というか中国の神様を拝します。

だけど現在、若い連中はごく簡単に式を済まし、正式な盃事はやっていません。単に入会のとき、組の親分に三六ドル六〇セントを贈ることだけが決まりです。なぜ三六ドル六〇セントなのかは、この場では説明できません」

——日本や台湾、中国大陸などの暴力組織とつき合いはありますか。一緒に仕事をすることはありますか。

香主「日本の山口組や台湾の竹聯幇《チューレンパン》などとつき合っている香港の人間はいくらでもい

ます。だけど組織としてではなく、個人のつき合いが多いんじゃないか。もちろん共同で商売をやっている例もあります」

――若い親分クラスで、日本へ移住したり、日本へ本拠地を移したりといったケースはありますか。

香主「正式に日本で縄張りをつくったなどという話は聞いていません。日本においしい仕事があるから、若い者同士が組ではなく個人の仕事として組んで、スリとか泥棒をするなどの話は聞いています。しかし日本できちんと縄張りを張り、大きな勢力をつくったなどとは聞いたことがないですね。

香港の組織は今一四Kだけではなく、全体に組としての統一性がない。たとえば私が若い時分、つまり今から四〇年くらい前なら、あなたが香港の中環《セントラル》でスリに遭ったと私に相談すれば、私は一時間以内にあなたが盗まれた物を見つけ出せました。でも、今はできません。各人が勝手に動いています。だから下の人間が何をしているのか、親分が把握することは不可能です」

――逆に日本の暴力団が香港へ来て事業を始めるとか、あるいは香港の組員が日本に出かけてやっているとされる、高級車泥棒や宝石店荒らしなどを香港でしている例はありますか。

香主「私が知っているかぎりではそのような例や計画はありません。おそらくそれは香港が日本ほどおいしくないからです。わざわざ日本を離れて香港で犯罪を犯すメリットはないと思う」

――香港の三合会にとって、日本はどういう国ですか。犯罪をしやすい豊かさといった面のほか、広東語が通じないとか、マイナス面もあると思いますが。

香主「香港の三合会のメンバーは、日本に限らず外国に出かけて仕事をすることが多い。そうしたとき、日本なら日本語、イギリスなら英語が自由に使えないと、本当は商売にならないんです。

だけど三合会メンバーの頭がいいのは、言葉でマイナスになる仕事は絶対にしないことです。端的にいえば、盗みや偽造カードの使用なら、どこの国でも言葉を使わなくてすむ。そういう仕事しかしないんです。カード関係にしても、盗みにしても、必ず地下の知り合いで日本に詳しい人間と組みます。単独じゃやりません」

インタビューの紹介はこの程度に留めます。

足を洗えるのか？

香港三合会の取材で気づいた日本の暴力団との一番の違いは、組織を抜けることが自由というか、お金を握ったら、三合会をさっさと辞めるのを当たり前とする考え方でしょう。

香港で会った元組員が言います。

「組や他の組員に対して金や女の引っかかりがなかったら、簡単にやめられます。やめるなら指を持ってこいとか、金を出せとか、そんなことはいわれないし、やめてからも組の秘密を漏らすなとか、そんな注文もつけられません。私が洩らすような人間じゃないと思っていること、あるいは私が洩らすほど組の情報を持っていないことが理由でしょうけど。

しかし、やめても気持ちはお互い通じてます。私だって組に残っている奴に何かあれば、力になってやりたいと思っているし、向こうだって私に何かあれば力を貸してくれます。現に未だにときどき一緒に飯を食ったりしていますから」

日本の暴力団では考えられないことです。早い話、組長から「お前は商売に向いている。うちのフロント（企業）に出て、商売専門で行け」などといわれて、いったん組から籍を抜き、偽装的に組を出るなら別でしょうが、組の現役と組から足抜けした者との間には越えがたい溝ができます。

組長でさえ、なかなか引退せず、組を抜けたがらないのは、実は抜けるのが恐ろしいからです。組を離れたが最後、元の若い衆は寄りつきません。彼らがお金を運んでくれるなどはとんでもない話で、逆に元の親分からお金をむしり取ろうとします。元組長はお金をよほど巧妙に隠していないと、元子分の若い者に食われ、丸裸にされてしまいます。

この組長が暴力団相手に金貸し業を営んでいたのなら、引退したとたん、誰一人返しません。返す必要がないからです。返してもらいたかったら、腕で来いといわれても、助太刀してくれる若い者がいないのですから、元組長は泣き寝入りするしかないのです。かといって、元組長が警察や裁判所に「誰それが返してくれません」と訴え出るのもみっともないことで、できないのです。

組を辞めた者に対しては徹底的に踏みつけにして、びた一文残さないほど毟《むし》り取るのがおおよそ日本の暴力団の流儀です。やめた者は裏切り者だという認識があるからでしょう。

その点、香港の三合会は違います。

三合会の一つ、和勝和に属していた若い元組員も同じことをいいます。

「私もやめたけど、戻ってこいなんかいわれませんし、まして戻らないと乱暴するとか、嫌がらせをするとか、聞いたこともない」

現役の一四Ｋの幹部でさえ、こう言います。

「香港マフィアは金ができれば破門になるのです。いや、これは冗談で、金ができれば正業の方に行って、マフィアの方はやめるんです。金がなければ、金ができるまでマフィアを続けます。マフィアを続けるってことは危険が伴いますから、金ができればマフィアである意味がなくなる。当然のことです」

つまり三合会に入るのは金儲けの手段としてなのです。お金がなければ犯罪に手を染めてでもお金を儲けようとする。三合会に入るのも、ふつうの会社に就職するのも、さほど違いはないという考えなのでしょうか。

ちょっと古い世代ですが、香港には三合会のメンバーにして警察官、あるいは警察官から三合会のメンバーにという経歴の人が異常に多いのも特徴です。

台湾の「流氓」とは?

一九九二年九月、新宿の歌舞伎町で台湾流氓・王邦駒《ワンパンチュウ》(二六、年齢は当時、以下同)が職務質問しようとした警察官二人に米国製ベレッタ二二口径を発砲し、それぞれ顔と肺部に重傷を負わせる事件が発生しました。

私はこの事件をきっかけに台湾に行き、台湾の流氓がどういうものか、その後何回か取材したことがあります。

「流氓」はふつうの中国語の辞書に出ている言葉です。ヤクザ、ごろつき、ならず者といった意味になります。台湾や中国ではこの流氓を日本の「暴力団」や香港の「三合会」のように組織犯罪集団の総称に使っています(黒社会《ヘイショーホイ》という言葉も使いますが、これはヤクザの結社とかマフィア社会といった意味です)。

王邦駒は台北の暴力組織「芳明館」のメンバーでしたが、九〇年三月台北市のゲームセンターで仲間の組員一人を射殺し、警官一人を負傷させ、七月、台湾警察から指名手配されてフィリピンやタイ、マレーシアに逃げた後、九二年五月偽造パスポートを使って成田から入国、兵庫、横浜を転々としてから、新宿の台湾女性(二八)のもとに身を寄せていました。彼女の部屋からは米国製S&W短銃三八口径と銃弾二八発も見つかっています。

台湾にはいくつか流氓組織があります。当時、台北市で有名な流氓組織として台北警察が明かしてくれたのは次の通りです。

一、竹聯幇《チューレンパン》（総堂主＝陳啓禮）外省（大陸）系。確たる縄張りなし。殺人、恐喝を働く組員が多い。建設会社や興行を営み、暴力をもって入札を阻んだりしています。

二、四海幇《スーハイパン》（重要幹部に陳永和）組織は四散しています。

三、芳明館《ファンミンクァン》（警察が把握する首領は蔣武雄、私の取材では廖勝美）赤線の用心棒を主要な資金源にする。他に賭博。組織的には混乱しています。

四、天道盟《ティエンタオミン》（首領＝羅福助）資金源は不動産や、香港の宝くじ六合彩を利用した賭博です。

五、牛埔幇《ニュプパン》（首領＝葉明財）賭博のほか不動産投資、レストラン経営。日本の山口組と結びついているといわれていました。

台湾政府は八五年七月に「検粛流氓条例」を制定したことがあります。この条例をもって日本の暴力団対策法以上の強権を発動し、組織犯罪集団の壊滅に取り組んでいました。

同条例の第二条は「流氓」を次のように定義しています。

「満一八歳以上の者で左記の一に該当する、社会秩序を破壊する者をいい、直轄市の警察分局、県（市）の警察局より提出された具体的な事実証拠と、その他の関係治安機関の審査後、直属の上級警察機関が再審査して、これを認定する。

一、社会秩序を破壊し、他人の生命、身体、自由、財産を害する団体を組織し、主宰し、指揮し、また参与する者。

二、銃弾薬、爆発物を違法に製造、販売、運搬、所持し、また売買の仲介を行う者。

三、縄張りを張り、詐欺恐喝し、売買を強制し、無銭飲食し、因縁をつけ、善良な市民を威圧し、またそれを背後で指揮する者。

四、職業的な賭博場を経営、指揮し、娼館を私設し、良家の婦女に売春を勧誘、強制し、賭博場、娼館の用心棒となり、また暴力で債権取り立てを行う者。

五、品行劣悪、また遊蕩無頼の者で、社会秩序を破壊し、他人の生命、身体、自由、財産を害する習慣があると認められるに足る事実を持つ者」

拡大解釈され、うっかりするとふつうの人でも警察に引っ張られそうな条例です。「秩序を破壊」という一句に日本では神経を尖らせそうな労働組合や政党、演劇集団、漫画家、ＡＶ監督など、多くが反対の声を挙げそうです。

厳罰に処す

台湾では「流氓」と認定した後、情状が悪い者に対しては、警察が警告することなく呼び出せます。

呼び出しに応じない者に対しては強制的に出頭させます（第六条）。

警察は出頭した者を二四時間以内に取り調べ、裁判所の審理に委ねるべくその者を移送します（第九条）。

裁判所は移送された者を一ヶ月間、留置できますが、必要があれば、さらに一ヶ月間延長できます（第一〇条）。

あげく一年以上三年以下の「管訓」に処し得るというのです。

「管訓」は収容所です。台湾の南東側、太平洋上に緑島という離れ島があります。戦前、日本の統治時代には火焼島といって、当時の流氓を隔離監禁した歴史を持ちますが、戦後は政治犯の収容所になり、その後また流氓の収容所に戻ったわけです。ここに送ることが管訓です。

台北市の流氓・中堅幹部がこう言います。

「法的根拠もなく、流氓だからということで、ここに放り込まれると、三年は出られない。毎日ムチで殴られ、労役にこき使われる。ここに送られるより、五年間刑務所に行った方がいい」

台湾流氓は警官隊と銃撃戦を展開するなど、非常に戦闘的であることで知られています。香港、台湾、上海など、多くの土地で流氓を見てきた堅気の香港人から聞いたことがあります。

「どこの人間がヤクザらしいかといえば、台湾人にとどめを刺す。台湾流氓は警察に捕まればどうせ死刑だって腹を括っているから、警官隊とも平気で銃撃戦をやる。それで負ければ自分の体を手榴弾でぶっ飛ばすぐらいの根性を持っている。

上海流氓は小利口なだけ。損得だけしか頭にないから、いるのは経済ヤクザばかり。

口舌の徒で滅多なことでは喧嘩はしないし、だいたい公安（警察）に頭が上がらない。公安が流氓の役を買って出ているのが上海だ。

香港の三合会も口先だけ。彼らの喧嘩はたまたま一人が一人と出会って『気に食わない野郎だ、やるか』と腕まくりして、取っ組み合いをするかと思うと、これがしない。そのうち一方に五人の応援団が駆けつけてくる。相手は三人になって、道路の向こうとこちらに分かれて、睨み合いになる。そうすると、向こうが一〇人に動員を掛ける。こっちは二〇人だ。また動員が出て……ということを繰り返し、道路のこっちと向こうで人数ばかり増えて、いっこうに実力行使しない。見上げた平和主義者たちです」

私は上海にも九三年暮れから三回ほど流氓の取材に行ったことがありますが、この香港人の観察はかなり当たっていると思います。上海の流氓はせいぜい窃盗や喧嘩自慢のチンピラが多く、迫力がないことおびただしい連中です。

日本に現れた「冷面殺手」

迫力があるのは、やはり台湾流氓で、そのハチャメチャぶりは群を抜いています。

例えば、竹聯幇の大幹部、劉煥榮（二八）は八五年、偽造パスポートで日本に入国し、翌八六年一月、恐喝未遂容疑で東京・四谷署に逮捕されました。劉煥榮と、同じく竹聯幇の幹部、斉恵生（四二）の二人は新宿・歌舞伎町のホテルで台湾人を賭け麻雀に誘い、インチキをしたと因縁をつけた上、五七万円を脅し取ろうとしたのです。

逮捕した後、四谷署は劉と斉がＩＣＰＯ（国際刑事警察機構）を通じ、国際指名手配されていることを知って、劉を台湾に送還しました。台湾に送られた劉は九一年に死刑の判決を受け、二年後、刑吏により銃殺されます。

劉のあだ名は「冷面殺手」といい、台湾では非情な殺し屋として有名でした。彼は八一年から八四年にかけて五人の殺しを重ねていました。

一、八一年一二月、劉は「一七軍刀」の組員・林隆騰に不満を持ち、台中市で林の名をかたって悶着を起こすことで林をおびき出し、大型ナイフで林を刺殺しました。

二、八三年六月、劉は「大樹林幇」の首領・楊柏峰を四〇〇人が参列する葬儀の場で射殺しました。一発で楊を倒した後、わざわざ近寄り、楊の頭に三発を撃ち込んでとどめを刺したといいます。

三、八四年六月、劉は親友の游國麟が自分を裏切ったと腹を立て、游の頭に数発を撃ち込んで射殺、遺体を野原に遺棄しました。
四、八四年一〇月、竹聯幇が台中の「太湖幇」と抗争した際、劉は太湖幇の首領・廖輝龍を射殺しました。
五、八四年末、劉はフィリピンに逃亡しましたが、マニラの台湾人商人、陳南光一家七人殺しに加わり、陳を射殺しました。

これだけの凶悪事件を立て続けに引き起こした劉煥榮が、日本に受け入れられる余地はないでしょう。日本の暴力団世界でも、ためらいなく仲間を殺し、葬儀場で拳銃を使い、海外で堅気を殺す劉は狂犬のように恐れられ、嫌われたにちがいないのです。「奴は組の幹部というより単なる殺人鬼だ」と。

だが、台湾での受け止め方は違います。彼の死刑が九一年に確定したときには、二三人もの立法委員（日本の国会議員に相当）が李登輝総統に特赦を嘆願し、婦人団体や宗教団体、弁護士などがこぞって劉煥榮に贖罪の機会を与えるべきだと声明を発表しました。

葬儀の際、彼に贈られた挽歌には、

「劉が一〇〇年前に生まれていたなら革命の闘士だったろうし、五〇年前に生まれていたなら、抗日の英雄にもなっていたろう」

と、麗々しく書かれていたそうです。

死刑一ヶ月後の九三年四月、台北市で営まれた劉の葬儀には五〇〇〇人が参列し、贈られた花輪、花かごのたぐいは会場となった自動車教習所の空き地に納まりきらず、舗道に並べたものの延々三キロ、一万個を数えたといいますから、葬儀の盛大さが察せられます。

黒塗りのベンツ一二台とキャデラック一二台が賓客を火葬場に運んだほか、花で飾り立てたマイクロバスが粛々と街中を進みました。

戦慄のチャイナマフィア

最も注目すべきは、この葬儀に代表を送った世界の中国系組織犯罪集団、つまり「チャイナマフィア」です。

台湾からは、竹聯幇のほか、四海幇、松聯など。香港からは新義安、一四K、和勝和、和勝義、義群、敬義、和合桃など。フィリピンからは清幇、洪幇、洪発山会館。タイからはゴールデン・トライアングルを仕切るクンサー閥のほか、一四K、和勝和、老聯。オーストラリアからは一四K。イギリスからは和勝和、一四K。アメリカからは華清幇、鬼影幇（ゴースト・シャドウズ）、和合桃。そして日本からは唯一チャイナマフィアでない山口組が列席したと言われています（おそらく直系組長クラスではなく、それより下位のランクと思われます）。

竹聯幇の前首領・陳啓禮は劉煥榮と不仲だったためか、葬儀に顔を出さず、代理の人間に香典二〇万台湾元を持たせただけといいます。これは陳に期待されていた香典一〇〇万台湾元（約五〇〇万円）の五分の一だったため、主宰者側の不興を買い、一触即発の危機を招いたとされます。

ところで、陳啓禮は九六年、カンボジアのプノンペンに逃亡し、二〇〇七年一〇月に香港の病院で膵臓がんのため死にましたが、私は彼のカンボジア時代にプノンペンの自宅を訪ね、一代記を出さないかと交渉したことがあります。

というのは、彼の人生は波瀾万丈でなかなか面白いからです。

彼は一九四三年に生まれ、七六年ごろ竹聯幇を統合し、八四年にアメリカに渡って、サンフランシスコで、ノンフィクション作家の劉宜良（ペンネームは江南）を射殺しました。

蔣介石の長男、蔣経国は七五年に国民党の主席に就きます。実質的に台湾の最高権力者でした。七八年、中華民国（台湾）第六期総統に就任し、八四年には第七期総統に再任されています。

他方、作家の江南はサンフランシスコに渡り、『蔣経国伝』を著します。八三年七月、国民党新聞局長だった宋楚瑜はサンフランシスコで江南と会い、『蔣経国伝』を出版しないように迫りましたが、江南はどうしても首をタテに振らなかったといいます。一説に江南は国民党が養成した台湾の情報工作員だったといいます。

それにもかかわらず、江南は『蔣経国伝』を出して国を裏切り、中国共産党に通じたため、制裁を加えなければならなくなったのだ、と。

八四年五月、陳啓禮は情報局長・汪希苓に会い、汪希苓から江南は「国家が養成した人材であるにもかかわらず、政府のイメージをしばしば破壊する言論をなしている」と聞かされ、「この種の人物には教訓を与えるべきだ。私に任せてもらいたい」と江南に「教訓を与える」ことを引き受けたといいます。

八四年一〇月、陳啓禮は二人の仲間を引き連れ、サンフランシスコ郊外デイリーシティの住宅街で、家にいた江南を射殺して、東京経由で台北に帰りました。

陳啓禮はいわば国家の要請で江南を殺すわけですが、殺人罪で逮捕され、無期懲役の判決を受けます。しかし実際に刑務所に入っていたのは五～六年間で、九一年には出所します。その後、国外に亡命して、九六年当時はプノンペンにいたわけです。

カンボジアはポル・ポト派とヘン・サムリン政権との内戦が終結してまもなくでした。首都のプノンペンでさえ荒廃していましたが、陳啓禮が住む一角だけは高級住宅街で、彼の家には円形のプールさえ備えていました。

彼は痩せていましたが、悠々自適といった様子でくつろいでいました。それまで彼の秘書と称する男と、日本側、台湾側、どう制作の費用を分担するか詰めていましたが、なかなか話がまとまりません。こちらは映画化権などは彼に渡すと大幅に譲っていたのですが、台湾側は案外細かいことをいうのです。

陳啓禮は具体的な話はしたくなかったらしく、

「ともかく明日朝、五時に来ないか。私がいかにこの国の復興に真剣か、見てもらいたいんだ」

と言いました。

次の朝、彼の家に出直すと、家の前には大型トラックやバン、乗用車などが勢揃いしていました。もう空は明るくなっていましたが、車の一団はライトをつけ、西南のカンポット方向に猛スピードで走ります。私たちもその後を追いましたが、走り方は消防車や警察車両、軍隊といったところです。ろくに信号もないよく舗装された道路を人もなげに突っ走ります。両側の田んぼから割と大型の鳥が驚いて飛び立ち、フロントガラスに当たって即死しますが、いっさいお構いなしの走りです。

着いたのは開拓村で、トラックからは米や小麦粉、砂糖、パン、飲料水、毛布などが山ほど運び出され、住民に渡されていました。また数人ずつ台湾人の医者と看護師も連れていて、彼らが手際よく住民の健康診断をし、注射や薬を投与していました。

彼のカンボジア復興支援が真剣で、巨額の私財を投じたものだったことは疑いようがありません。「流氓」も大親分となれば、善行するわけです。

筆者との間の「一代記」の話はもちろんそれっきりになりました。

第五章　警察とのつながりとは？

暴力団対策法の効用は？

警察が暴力団の組員を検挙しようとするとき、適用できる法律としては、まず刑法があります。殺人や常習賭博、暴行・傷害、強要、身代金目的略取、業務妨害、詐欺、恐喝など、組員がやりそうな犯罪に対して、刑法は基本であり、幅広く役に立ちます。

組員がシノギとする覚醒剤に対しては、覚せい剤取締法があります。同じように麻薬や向精神薬に対しては麻薬及び向精神薬取締法、大麻に対しては大麻取締法、組員が抗争や犯罪に使おうとする拳銃に対しては銃砲刀剣類所持等取締法という風に、組員の検挙率が高い犯罪に対して、専門の法律がひととおり用意されています。

そして、こうした法律のほかに「暴力団対策法」（暴力団員による不当な行為の防止等に関する法律）や「組織犯罪処罰法」（組織的な犯罪の処罰及び犯罪収益の規制等に関する法律）があるわけです。暴力団対策法は衆参両院とも満場一致で可決して成立し、一九九二年三月から施行されました。

どういう法律なのかというと、暴力団の存在を認めた上で、用心棒代の取り立てや地上げなど、組員が手を出すいくつかの経済行為に中止命令を出し、抗争が発生した場合には、組事務所を使用させないこともあり得るという法律です。

当時の警察庁・國松孝次刑事局長（一九九四〜九七年に警察庁長官・第一六代）などが、この暴力団対策法の制定に力を尽くしました。國松局長は「暴力団対策法の成立と今後の暴力団取締りについて」（「警察学論集」一九九二年一月号所収）という文章を書いています。その中で自分がこの法の必要性、先見性に確信を持っているのは、次の理由からだと、四点を挙げています。

「第一に、本法が、暴力団を反社会的団体として法的に位置付けることによって、暴力団の社会からの孤立化への流れを決定的なものとした」

「第二に、本法により、犯罪にならないものとして必ずしも十分な対応ができていなかった暴力団の威力を利用した民事介入暴力事案に対する対応を有効に行えるようになった」

「第三に、暴力団員による国民に対する迷惑行為の有効な規制措置を講じることが可能になった」

「第四に、本法の運用を通じて、暴力団取締りを行う我々（警察官）が、真の意味で暴力団の組織そのものを追及していくという着意を養い、手法を体得することができる」

自画自賛の文章ですが、果たしてこれを額面通りに受け取ってよいのでしょうか。

というのは、暴力団対策法が施行されて、もう二〇年近く経っています。その間、暴力団はなくならなかったし、若干組員数は減ったものの勢力は横這《よこば》いです。とりわけ山口組は寡占化、集中化を強め、今や組員二人のうち一人は山口組組員という時代に入りました。

実は、暴力団対策法は、警察と暴力団が共存共栄を図る法律ではなかったのか、と疑われています。

なぜ「暴力団は違法の存在だ」と頭から決めつけなかったのでしょう。

諸外国ではほとんど組織犯罪集団というグループそのものを違法としています。

対マフィアの場合

たとえばイタリアがそうです。同国にはマフィア対策法がいくつかありますが、その一つ「マフィア対策統合法」の第一条はこう定めています。ちょっと長くなりますが、引用してみましょう。

「第一条　刑法第四一六条（犯罪をするための結社）の次に、次の一カ条を追加する。

刑法第四一六条の二（マフィア型結社）

①三人以上で構成されたマフィア型結社に加入した者は、三年以上六年以下の懲役に処する。

②マフィア型結社の発起人となり、指揮し、または組織した者は、それ自体で四年以上九年以下の懲役に処する。

③マフィア型結社とは、その構成員が犯罪を遂行するため、経済活動、許認可、払い下げ、公共事業の請負いを直接または間接に管理し、もしくは支配するため、または不正の利益を得、また得させるため、結社組織の威嚇力、並びに「服従と沈黙の掟」を利用する結社をいう。

④⑤（省略、武装した結社の場合は量刑を加重する）
⑥⑦（省略、犯罪収益を組織の財源とした場合は量刑を加重する、また犯罪収益は没収する、公共事業への入札資格を剝奪する）
⑧本項の規定は、カモッラ、及び結社の威迫力を利用してマフィア型結社に相応する目的を追求する他の結社（呼称の如何を問わず）にも適用する」

日本でいえば刑法に「暴力団はこれを禁止する。結成、運営、加盟、すべて禁止」という一項を追加したのと同じです。きわめて簡単で、分かりやすいですね。

しかし、反論があるかもしれません。イタリアではマフィア対策統合法があっても、現実にマフィアは存在しているではないか、と。はっきりとは断言できませんが、イタリアでもアメリカでもマフィアの人数は減っています。

暴力団に詳しい三井義広弁護士（前日本弁護士連合会民事介入暴力対策委員長）はこう言っています。

「犯罪を専門とする組織が日本で法的に許容されていること自体がおかしい。壊滅、壊滅と五〇年近く言い立てながら、いっこうに壊滅しないことのおかしさにいい加減気づいてもいいんじゃないですか」

暴力団という組織犯罪集団の存在を認める法律を持っているのは、世界の中で日本だけなのです。

腐れ縁と三ない主義

日本でなぜこれができずに、暴力団対策法になったのでしょう。暴力団対策法では暴力団を指定する作業が必要なのですが、それにはその団体メンバーの犯罪経歴保有割合などを調べなければなりません。しかも三年ごとに指定を繰り返しますから、その都度、データを精査する必要が生じます。

こういう面倒な作業をやって「指定暴力団」にしながら、「指定暴力団」は違法の存在ではないのです。単に、みかじめ料や用心棒代を取ろうとすると暴力団対策法が適用されて「中止命令」が出ます。もし中止命令をきかず同じことを繰り返したら、一年以下の懲役か、一〇〇万円以下の罰金に処します（併科も）というだけの話です。

なぜ警察は暴力団取締りのために暴力団対策法を制定したのか、疑問が湧《わ》いてきます。警察は暴力団に幻想と密かな期待を持っているからじゃないか、と勘ぐられても仕方ありません。

江戸時代、町奉行所などは与力、同心の下に非公認で「岡っ引き」を使っていました。犯罪の世界については犯罪者しか分からないという理由で、犯罪者の罪を許し、犯罪情報を嗅ぎ回って注進させる手先に使っていたのです。「二足のわらじを履く」といって、博徒やテキ屋の親分を岡っ引きに使うこともありました。

警察はこうした江戸時代の習慣を復活させたいのではないかと疑えます。そうでなくても警察と暴力団との「腐れ縁」は戦前から戦後にかけて一貫して続いてきた歴史があるのです。

しかし、暴力団の組員にすれば、今さら岡っ引きになるなどゴメンです。なぜなら、暴力団組員が不良中国人などと喧嘩になれば、警察が逮捕するのは組員だけで、取り調べに通訳が必要な中国人などは手間がかかるし、経費も掛かると、野放しにして逮捕しない一時期があったからです。それに下手に警察に協力して、そのことが組に漏れると「裏切り者」としてリンチを受ける危険さえあるのです。

警察からお目こぼしでもあるのならともかく、協力してもあまりよいことはないのですから、どうしても暴力団は「三ない主義」になります。警察官には言わない、警察官とは会わない、警察官は組事務所に入れないという「三ない」です。

暴力団対策法は、たしかに暴力団の存在を認めていますが、同時に暴力団を「反社会的集団」として敵視する法律でもあるのです。そういう背景もあって、暴力団の組員は警察の捜査に協力しません。自分の首を絞める陣営に塩を送ることはないわけです。

権力との闇取引

ですから、捜査員の中にも暴力団対策法は失敗だったという声があります。

たとえば山口組のお膝元、兵庫県警の捜査関係者が言います。

「捜査のカナメは情報取りに掛かっている。一にも二にも暴力団情報をどう取るかということです。暴力団対策法以降、暴力団情報が取れなくなった。だいたい組の事務所に刑事を入れない。一緒に茶も酒も飲みたがらない。下っ端ならパクったとき因果を含めて情報提供を約束させられる。しかし上層部はパクれないから、コネのつけようがない。特に六代目山口組は徹底的に警察への情報を遮断しています。

だいたい日本では蛇の道はヘビってわけで、悪いことをしている人間が悪い人間を知っている。それを生かすためにヤクザの親分に十手、取り縄を許したわけだ。そういう日本の伝統を暴力団対策法が壊したんです」

最近、警察の捜査能力は衰えたといいますが、実は、もともと捜査能力などなかったのかもしれません。単に暴力団が捜査に協力していた時代は検挙率が高く、協力しなくなったら検挙率が下がっただけの話かもしれないのです。警察は暴力団に暴力団情報ばかりか、裏社会情報全般を仰いでいたのではないでしょうか。

ほんの少し前まで、警察は暴力団と取引をしていました。たとえば拳銃摘発月間に入ると、かねて目をつけていた暴力団幹部にこう持ち掛けます。

「シャブ（覚醒剤の意味）商売でだいぶ儲けたいう話やないか」

と、まず牽制球《けんせいきゅう》を投げます。お前が覚醒剤に触っていることは摑んでいるぞ、という脅しです。その上で、「覚醒剤はこの際、目ェつぶったったる。そのかわり拳銃出せや。首なしでええから」などとやります。

「首なし」拳銃とは誰が持っていたか、所有者が分からないが、とにかく拳銃が押収されたという拳銃のことです。警察との取引を承知した組員は駅のロッカーや公衆トイレなどに紙袋に入れた拳銃を置き、取引相手の警官に「今、置いたから」と電話を入れます。警官はすぐ現場に行き、拳銃を発見して押収するわけですが、その拳銃に関しては、誰一人拳銃不法所持で逮捕しません。持ち主はあくまでも不明なのです。

しかし、拳銃を何丁押収したという数字は残り、無事に拳銃摘発月間をクリアできます。取引を成立させるため、わざわざ拳銃を新規に買い込んでから、警察に押収させる組員までいました。組員にとっては警察に押収させるため、拳銃を買うことが覚醒剤商売の必要経費になったわけです。

一事が万事この調子でした。

組員が何者かに撃たれたような場合、その組と敵対関係の暴力団の組長を訪ねて「下手人を出せや。突き上げ捜査はせんから、実行犯を自首させろや」などと説得します。

突き上げ捜査というのは実行犯を追及して「誰が撃てと命令したのか」と、組織の上へと向かう捜査のことです。それをしないというのですから、組長によっては取引に応じます。自分は殺人教唆で刑務所に入れられる心配はない。実行犯の組員にとっては刑務所がきついけど、名前が売れるし、刑期をつとめあげて出所すれば、いい待遇で迎えてやるのだ、八方めでたし、乗る手だと考えるわけでしょう。

警察は山口組を壊滅すると、おおよそ半世紀も前から言い始めました。

ところが相変わらず山口組は壊滅しません。山口組以外の暴力団も存在しつづけています。

芸能人や政治家となぜ付き合うのか？

やはり暴力団は現代社会の必要悪ですから、なくせないのでしょうか。政・官・財で権力を握っている人たちが暴力団を便利に使っているから、今もって存続しているのでしょうか。

いえいえ、そうじゃないはずです。政治家などは暴力団幹部とのツーショット写真が出回るくらいでスキャンダルになってしまいます。芸能人も暴力団幹部主催のゴルフコンペに顔を出しただけで、大晦日の紅白歌合戦に出場できなくなります。

しかし、暴力団と芸能人の交際は双方にメリットもあり、跡を絶ちません。たとえば、ディナーショーのチケットが売れ残ったとして、短時間で捌けるのは暴力団です。プロダクションや芸能人は空席で残るよりよいと、捨て値でチケットを暴力団に卸します。暴力団は日ごろつき合いのある地場の会社社長や商店主に半ば押しつけ販売して儲けます。

歌や芝居、相撲などの興行は事故なく円滑に進めなければなりません。そのため戦前にはほとんど地域の有力暴力団に興行を任せました。「グズリ押さえ」（不平客を力で押さえつける）や場内整理に便利だからです。

暴力団は芸能人を連れ歩くのも大好きです。街の人々はその姿を見て、「有名人の誰々さんと仲がいいなんて凄い」「芸能人に高級店でご馳走するなんて、相当なお金持っているんだ」と思いがちです。暴力団とすれば、自分の財力や顔の広さ、器の大きさを世間にアピールできるチャンスなのです。自分まで有名になったような気がするのかもしれません。

人気タレントの島田紳助も山口組幹部と長年交際していたことが明るみに出て、二〇一一年八月、芸能界から引退すると記者発表しました。

おそらく大阪府警から情報を得て、よしもとクリエイティブ・エージェンシーが事情を質したところ、島田紳助は山口組系極心連合会・橋本弘文会長（山口組の若頭補佐、本部は東大阪市）との交際を否定できず、彼との交際を断ち切るぐらいなら引退するといったやり取りが記者発表の前にあったのかもしれません。警察の指導もあり、暴力団との交際は断つべきだと考え始めた芸能プロダクションと、交際ぐらいはセーフだと考える芸能人との間に突然走った亀裂です。

実は島田紳助と極心連合会・橋本会長の交際は知る人ぞ知る関係でした。私は〇五年『文藝春秋』などに両者の関係を書き、取材の際、吉本興業社長に質問をぶつけています。だから、吉本側も両者の交際を承知していたはずですが、視聴率の取れる芸能人を切るのが惜しかったのでしょう。しかし今や暴力団排除の意識が浸透し、メディアや社会から、暴力団と交際しただけで厳しく批判されるのです。

では、暴力団は現実に政治や経済を動かしているのでしょうか。

たしかに山口組が民主党に投票しようと執行部から通達を出したことはあります。おそらく山口組の主流派である弘道会の地元が名古屋であるため、民主党支持の労組などとの関係があったのかもしれませんが、たとえあったにしても、暴力団が政局を左右するような力を持っていないことは常識的に分かります。

だいたい、暴力団首脳部と政治家が親密な交際といったニュースはあまり報じられません。まして暴力団に有利なように法律が変えられたなどという事実は近年ありません。

私たちが、暴力団と政・官・財とのつながりをあまり知らないということは、そうした親密な交際や密接な利害関係はさほどないと見た方が正解かもしれません。たしかに暴力団はバブル経済時代には地上げや株式投資で力を持っていました。しかし、そうした一時期を除いて、ほとんど政治や経済に影響力を持っていないのです。

その証拠に警察庁の方針も都道府県の暴力団排除条例の制定（後で触れます）も、暴力団に不利になるような動きばかりです。暴力団に有利になるような法令の制定や施行、法の運用は近年はありません。

逆に一九九九年には「組織犯罪処罰法」までできています。

この法律は暴力団だけではなく、テロ組織や、政治団体、宗教団体に偽装した団体をも対象としています。暴力団などの各種組織犯罪に対して刑罰を加重し、犯罪収益をマネーロンダリング（洗浄）することの処罰、犯罪収益の没収、追徴などを定めている法律です。

しかし、海外のメディアやジャーナリストは、好んで暴力団が日本を動かしているような報道をします。それはそう見た方が彼らにとって面白いから、としか考えようがありません。組織犯罪集団である暴力団が街中に堂々と事務所を開き、組員であると明かす名刺を切っている、日本って不思議な国ですね、というわけです。

たしかに日本国民の多くは、暴力団組員を憎むべき極悪非道な犯罪人とは見ていないでしょう。暴力団について、強きをくじき、弱きを助ける「任侠の人」などとは誰も思っていませんが、それでもオウム真理教の麻原彰晃や連続無差別殺人犯に対するほどは憎み、嫌ってはいないはずです。

そこには暴力団を見る国民の目に甘さがあることは認めなければなりません。なにしろ国民には、彼らが「町奴」とか、「ヤクザ」とか呼ばれたころからの刷り込みがあります。近年では高倉健や鶴田浩二、藤純子（現、富司純子）などが出演した東映ヤクザ映画路線に「カッコいい!」としびれた体験を持っています。あるいは菅原文太の『仁義なき戦い』、岩下志麻や高島礼子の『極道の妻《おんな》たち』シリーズ、『塀の中の懲りない面々』を書いた元極道作家・安部譲二の「ヤッチャン」ブームもありました。

しかし、アウトローを一種憧れの気持ちで見るのは日本国民に限ったことではありません。アメリカにも『ゴッドファーザー』に代表されるマフィア物やギャング物がありますし、フランスや香港、韓国にも組織犯罪集団に属する人間を思い入れたっぷりに描いた作品が数多くあります。

とすれば、アウトローに感情移入し、いっときを忘れるのは日本国民だけの特性ではなく、ほとんど万国共通の現象のはずです。そういう中で、日本はやはり現実の暴力団に甘いといわれるかもしれません。

本来は暴力団に厳しくなければならない警察も暴力団に甘い点では日本国民とほとんど同じです。考えてみれば、暴力団が存在するからこそ、警察の捜査四課や組織犯罪対策課、暴力団対策室に勤める刑事は膨大な人数を保っていられるのです。これらはいずれも暴力団を専門に扱う組織ですが、暴力団組員数がゼロになれば、捜査員は直ちに失職します。彼らは暴力団組員にいてもらわなければなりません。

そのためか、毎年刊行される警察庁の『警察白書』では、暴力団の構成員が減ると、準構成員が増えるなど、合計では横這いか微減《びげん》という傾向が見られます。警察も暴力団の総計を減らしたくないのだなと感覚的に分かります。

なぜ暴力団はなくならないか?

日本がイタリアなど諸外国並みに、暴力団という組織そのものが違法なのだと法律で定めれば、いやおうなく暴力団は地下にもぐるか、消滅してしまいます。でも、そうなると、暴力団専門の部課が存続する根拠がなくなります。警察はホンネでは暴力団がなくなっては困ると思っているはずです。

いい例が総会屋です。総会屋はほとんど暴力団系といっていいのですが、実質的に総会屋は現在、絶滅危惧種です。ほとんど消滅してしまいました。

けれども、肝心の総会屋がいなくなっても、警察はまだ総会屋の危険性を説き、総会屋対策で企業を指導していることに窺えるように、警察にとって敵対勢力はなくてはならない存在です。敵がいなくなれば、「マル暴」刑事（捜査四課など暴力団専門の刑事を指します）ＯＢの再就職先にも困ることになります。

しかし、二〇〇九年に警察庁長官に就任した安藤隆春は、例外的に暴力団には厳しい人物です。

翌一〇年五月、全国警察の本部長を集めた会議で、「弘道会の弱体化なくして山口組の弱体化はなく、山口組の弱体化なくして暴力団の弱体化はない」と、山口組とその中核組織である弘道会とを徹底的に取り締まるよう大号令をかけたのです。ご存じの通り、警察庁は全国の警察の元締《もとじ》めです。その警察庁で一番偉い長官が、直々に山口組と弘道会を名指しし、徹底摘発を指示したのです。

それを受けて、前述したように京都府警は一〇年一一月、弘道会会長でもある髙山清司・山口組若頭を恐喝容疑で逮捕しました。これで念願のホン星にようやく手をかけることができたのです。

弘道会がなぜ安藤長官にこれほど目の仇にされたかといえば、暴力団らしくない尖ったところがあるからです。

安藤長官自らが言っています。弘道会は警察官の個人情報を集めたり、警察が行う家宅捜索や取り調べに組織的に抵抗したりするなど、警察への敵対活動を強めている、弘道会の活動実態を解明し、同会のシノギなどを徹底的に取り締まれ、と指示しているのです。

警察庁によると、弘道会は警察官の氏名や年齢、住所、所有する車のナンバーなど個人情報を組織的に収集して、取り調べに当たる警察官を恫喝し、捜査の進展を妨げたり、取り調べに対して完全黙秘を通したり、家宅捜索では出入り口を封鎖して捜査員の入室を妨害したりするなど、取り調べへの抵抗を繰り返しているといいます。

どうやるかというと、たとえば弘道会の組員は警察の取調室で刑事に向き合ったときなど、雑談風にチラッとにおわせます。

「お宅の娘さん、〇〇幼稚園なんですってね。あそこは入るの、なかなか大変なんでしょう……」

取り調べの刑事は一瞬ドキッとします。こいつは娘が通う幼稚園を掴んでいる。配下に命じて娘でもさらうつもりなのか……。刑事も人の親ですから、組員に牽制球を投げられれば不気味に感じます。

ヒットマンとは何者なのか？

昔から弘道会には「十仁会《じゅうじんかい》」という秘密部隊があるとも言われていました。十仁会の性格を手っ取り早くいえば、イスラエルのモサドに似た秘密諜報・謀略機関になります。

では、具体的にはどういう組織なのでしょう。

各種の証言を総合すると、おおよそ次のようになります。

「弘道会傘下の各組から通常一人を選抜して十仁会のメンバーにします。が、その組員がメンバーになったことを他の組員は知らない。上層部が教えないからです。だいたい十仁会のメンバー自身、誰がメンバーなのか、誰が指揮者なのか、十仁会の全体像を知らされていません。通常の組員は誰がメンバーなのか、おおよその見当をつけるぐらいのことしかできません。

十仁会のメンバーは自分がもともと所属する組の月総会に出席する必要がないばかりか、ふつうは組から登録が外されて、組事務所に出入りせず、暴力団がふつう行うようなシノギもしません。その必要がないからです。メンバーには月々少なくない額の手当が支給されるそうです。

メンバーは全体で数十人、最近は一〇〇人規模に増員されたともいいます。メンバーになる最低条件は手の指が健常であること（指詰めしていない）、車の免許証を持っていること、検挙歴が少ないこと、盗癖がないこと、酒などの依存症がないこと、家族関係が複雑でないこと、頭がよく、腹が据わっていることなどです。

これまで検挙されたメンバーの中に大学卒は見当たらないようだともいいます。学歴は特に問われないわけです。メンバーには任期があり、最初は一年でしたが、今は三年に延長されたといいます。また志願してメンバーになる者もいるそうです。

メンバーには銃器の扱いなど特殊な訓練が施されます。中近東地域などに派遣され、その地で火器や武闘の訓練を受けることもあります。

メンバーの業務は、ヒットマンになる、特定の繁華街などでイラン人や中国人など外国人不良グループの動向を徹底マークする、他の広域団体の動向を探る、山口組や弘道会内部の動向を探るなど、ある程度、専門化した役割分担があるようです。また他団体への攻撃など、複数のメンバーを起用する必要がある場合には、その都度、その場かぎりのチームを結成します」

なにやら都市伝説的なおどろおどろしい話になっています。思わずホントかな、と眉にツバをつけたくなるのですが、愛知県警には、こうした話を深く信じている刑事が少なからずいます。まあ、核となる事実が多少とも含まれているから、こうした情報が流れているのでしょう。

弘道会の秘密主義や、警察の内部情報の収集にかけるエネルギーは凄《すさ》まじく、弘道会は、暴力団というよりむしろ過激派に近いとさえいわれます。弘道会は厳しい内部統制により山口組全体のマフィア化を牽引する中核組織であり、山口組の実態が水面下深く沈む前に摘発を進め、実像を把握しなければならないと語るベテラン捜査官もいます。

要するに弘道会はノホホンとして警察に愛される暴力団ではないのです。警察がポカをやり、隙を見せれば容赦なく突っ込んできます。現に二〇一〇年五月には弘道会系組員が大阪府警から損害金三〇万円（内訳は慰謝料二〇万円、弁護士費用一〇万円）、それに五万一五七五円の利子を含む計三五万一五七五円をもぎ取っています。

警察が裁判を通して暴力団にお金を取られるなど、これ以上の屈辱はありません。たしかに額は三五万円と少額ですが、額の多少は問題でなく、メンツの問題です。暴力団を取り締まるべき警察が暴力団から法的にお金を取られたという事実がなにより警察には癪《しゃく》のタネなのです。

警察から暴力団への「賠償事件」

どういういきさつでこんなことになってしまったのでしょうか。

二〇〇六年一一月、大阪府警は、山健組系の元組員に対する生命身体加害誘拐容疑で、愛知県下の弘道会系稲葉地一家高村会のK若頭補佐に任意同行を求め、身柄を大阪に移してからKを逮捕しました。同年一二月、Kは大阪府警西警察署の取調室で警察官から取り調べを受けましたが、黙秘していたところ、取り調べの警察官から「大阪府警を舐めるな」と怒声を浴びせられ、左足の膝下を七、八回、足蹴《あしげ》にされ、顔面を殴打《おうだ》されたといいます。

Kが夜九時ごろ留置場に戻って自分の身体を調べると、警察官の暴行により両膝に内出血を伴う挫傷、首を絞められたことでの頸部の内出血二カ所、サバ折りによる腰痛が発生していました。Kは次の日、組の上層部が派遣した弁護士と会い、負傷部分を写真に撮り、医師の診断書も取りました。

大阪府警の捜査の荒っぽさは昔から有名です。組員に平気で暴行を加え、ひいひいいわせて自供を迫るのです。もちろん違法の行為ですが、効果がある場合もあります。大阪の組員が東京で事件を起こし、警視庁に逮捕されるなどはしょっちゅうですが、そういう組員の口から直接聞いたことがあります。

「警視庁の取り調べは紳士的というか手ぬるい。あれじゃ誰も口を割らない。大阪の警察を経験している者は、警視庁の調べなんてまるで堪《こた》えない。一〇〇％落ちません（自供しません）」

こういう大阪府警の取り調べ方が弘道会系の組員により問題にされたのです。

Kは誘拐容疑で起訴されず、釈放されたのですが、〇七年一二月、大阪府警に対して腹の虫が治まらず、一五五万円余の損害賠償を求める裁判を大阪地裁に起こしました。〇九年一一月、大阪地裁は基本的にKの言い分を認める判決を下しました。大阪府（つまり大阪府警）としては判決に承伏できず、大阪高裁に控訴しましたが、大阪高裁判決も大阪府警の負けと出ました。最高裁に上告する手もあったのですが、最高裁でまた負けたら恥の上塗りになります。

大阪府警は煮えくりかえる腹を押さえて組員にお金を払ったのですが、この組員は大阪府警の神経を逆なでするように、府警から取った三〇万円を「東海交通遺児を励ます会」に寄付しました。

大阪府警というか、警察は弘道会に足下を見られました。警察が弘道会ほど憎たらしい暴力団はないと思っても不思議ではありません。ふつう暴力団は警察の顔を立てるものです。間違っても警察を裁判に訴え、煮え湯を飲ませるようなマネはしません。やれば警察全体の報復を招くことは分かりきったことだからです。

しかし、かといって警察には暴力団に対する有力な攻め道具がありません。たとえば暴力団と暴力団との間で抗争が起きたとします。地道な捜査が実って敵の組員を殺傷した組員を逮捕できたとします。その組員に誰に命じられてやったんだと、前記の突き上げ捜査方式で自供を迫ります。

しかしほとんどの場合、組員は自供しません。命令した幹部の名前を自供しても、トクなことが何もないからです。黙っていれば、刑務所を出た後、組は好待遇で自分を迎え入れてくれます。組が豊かなら、家さえ買ってくれます。それに服役している間、組は差し入れを欠かさず、服役仲間の間で大きな顔ができます。

指揮命令系統を自供すれば、逆に組から報復されます。刑務所の中にも同じ組の組員が入っています。そういう者が自分をつけ狙い、「裏切り者」として殺すかもしれません。

警察にすれば、末端の組員の逮捕だけでは満足できません。組のための抗争であるこ
とは分かりきったことですから、なんとしても組長や若頭、行動隊長ぐらいは逮捕した
い。しかし組員を説得できる材料を持っていません。仮に「誰に命じられたか吐けば、
お前の罪は許してやる。証人保護プログラムでお前に生涯、安全な市民生活を送らせて
やる」ということができればどうでしょう。

日本では証人保護プログラムも刑事免責制度も司法取引も認められていません。警察
は組員に提供できるお土産をなにひとつ持っていないのです。これでは組が服役者に行
う弁護士派遣や服役中の差し入れ、留守家族に対する手当ての支給、服役後の好待遇な
どに対抗できるわけがないのです。

だから今は暴力団の方が強気です。

「警察が取締りを今以上に強化したいんなら強化すればいいんだ。暴力団を非合法化し
たいんなら、非合法化すればいい。わしらは地下にもぐり、マフィアになるだけだ。そ
れでどっちが困るか、見てみようじゃないか」

と、うそぶく暴力団幹部さえいます。

暴対法ではどこまで守られるか?

しかし、そういう暴力団も、沖縄を除く全都道府県で制定されている暴力団排除条例には泣かされています。東京都でも一一年一〇月から施行が予定されていますが、それには次のような箇条があります。要約して示しましょう。

「東京都は都の事業で民間業者と契約する場合、契約の相手方やその代理者、または仲介者が暴力団関係者と判明したときには相手に通告することなく契約を解除できる。

また契約した相手がこれに関連する契約(工事の下請けなど)の相手側、代理者、仲介者などが暴力団関係者と判明した場合には、都は契約した相手に、関連契約を解除するよう求めることができる。

もし契約相手が正当な理由なくこれを拒めば、都はその契約相手を以後、都の契約に関与させないことができる。

祭礼、花火大会、興行などの主催者などは、その行事の運営に暴力団または暴力団員などを関与させないなど、その行事から暴力団を排除するために必要な措置を講ずるよう努める。

都内に所在する不動産の譲渡または貸し付けをする者は、契約を締結するに当たり契約の相手側に対し、不動産を暴力団事務所として利用するものでないことを確認するよう努めるものとする。

不動産の譲渡または貸し付けをする者は、契約を締結する場合には、次の内容の特約を契約書等に定めるよう努めるものとする。

その不動産を暴力団事務所として利用し、または第三者に暴力団事務所として利用させてはならないこと。

何人も、暴力団員が暴力団員である事実を隠蔽することとなる事情を知って、暴力団員に対し、自己の名義を利用させてはならない」

現実はさらに暴排条例の先を行っています。都内のマンションで部屋を借りられないのは暴力団事務所ばかりではなく、組員も同じです。借りるためにウソをついたり、他人の名義を使うと、後で詐欺などの容疑や罪名で逮捕される危険があります。

こうして暴力団組員は公共住宅からはもちろん、民間の不動産からも閉め出されます。銀行口座もつくれませんから、子供の授業料も自動引き落としにできません。証券取引口座もつくれず、公共工事や民間工事の下請け、孫請けにも入れません。

暴力団は生活するな、というに等しいから、都道府県の暴排条例は暴力団対策法以上に、組員にとっては厳しいものなのです。

暴力団は世間に名前を知られてナンボの世界です。そういう暴力団が簡単にマフィアに変身できるとは思えません。

しかし近い将来、マフィアになれば、暴力団対策法は暴力団だけを対象とする法律ですから、マフィアに対しては適用できなくなります。警察は今以上に暴力団向けの武器を失い、マフィアに対しては組織犯罪処罰法ぐらいしか用意できません。

やはり暴力団など組織犯罪集団に対しては、まったく新しく結社そのものを立件できる法律が必要になる時代が遠からず来るはずです。

岡っ引き時代以来の微妙な警察と暴力団の関係がようやく諸外国並みに、「警察VS.組織犯罪集団」の構図になるのです。

第六章　代替勢力「半グレ集団」とは？

半グレ集団とは何なのか？

二〇一〇年一一月に発生した市川海老蔵殴打事件で有名になったのが、東京・六本木を根城にする暴走族の集まりだった関東連合ＯＢでした。実際に海老蔵を殴打して逮捕され、有罪判決を受けたＩもそのメンバーの一人です。

関東連合ＯＢは暴力団と思われるかもしれませんが、違います。暴力団ではないし、暴力団系の組員が仕切っているのでもありません。ただし、ごく少数のメンバーが暴力団に所属している事実はあります。

しかしメンバーの多くは暴力団を敬遠したり、軽蔑したりしています。

暴走族が暴力団の予備軍となるのは昔からの決まり事だろうという反論があるかもし

れません。そういう時代が長かったのはその通りですが、近年は暴走族自体が存続しにくくなっています。関東連合も二〇〇〇年ごろ解散したと言われています。したがって関東連合に暴走族の現役はいず、いるのはOBだけとなります。

関東連合OBは、なぜ暴力団から距離を置こうとしているのでしょうか。

いくつか理由はありますが、一番の理由は暴力団に入るメリットがなくなったからです。若い暴力団組員が貧しくなり、格好よくなくなりました。暴走族を惹《ひ》きつける吸引力をなくしています。暴走族としても、今さら暴力団の組員になっても、先輩の組員がああいう状態では、と二の足を踏みます。

暴力団に入ったとします。

なぜ親分ばかりか、兄貴分や叔父貴にまでへいこら頭を下げなければならないのか。組員として一人前になっても、稼ぎはたかが知れています。そのくせ組には月々会費を納めなければならず、警察には組員という理由だけで目をつけられ、ちょっと店からみかじめなどを取ろうものなら、すぐ「署に来い」と引っ張られます。

おまけに組員であると、銀行から新規口座の開設を断られます。水道光熱費の自動引き落としも利用できず、貸金庫を借りたくても貸してくれません。公共工事の下請けに入りたくても、都道府県の条例があって、入れてくれません。

暴力団に入ると不利なことばかりですから、わざわざ組員になって、苦労する気になれません。それより暴走族時代のまま、「先輩―後輩」関係を続けていた方が気楽だし、楽しいと考えます。

彼らがやっているシノギは何かというと、たいていのメンバーが振り込め詐欺やヤミ金、貧困ビジネスを手掛け、また解体工事や産廃の運搬業などに従っています。才覚のある者はクラブの雇われ社長をやったり、芸能プロダクションや出会い系サイトを営んだりもしています。

こういうシノギに暴力団の後ろ盾がある場合もあるし、ない場合もあります。ですが、ほとんどのメンバーはない方を選びます。下手に暴力団を近づけると、お金を毟られるだけですから、できるだけ近づけたくないのです。

警察も彼ら「半グレ集団」の存在には気づいています。このまま放置できない、なんとか取り締まらないと、と思っているのですが、どこからどう手をつけたらいいのか考えあぐねている状態のようです。

警視庁の捜査関係者が次のように言います。

「だいたい半グレたちのデータが集まらない。彼らを取り締まる専用の法律もできていない。暴力団対策法では無理だということは分かっています。警視庁のどこが彼らを扱うのか、担当部署も決まっていません。六本木が所轄の麻布署では無理なのです。組織犯罪対策の三課、四課（暴力団担当）も難しく、結局、都内の盛り場、渋谷や新宿、池袋、六本木などには専従班があるのですが、とりあえず彼らが半グレ集団を担当することになったのです」

暴力団との四つのちがい

半グレ集団は、暴力団とどこがどうちがうのでしょうか。暴力団と対比しながら、彼らの特徴を見てみましょう。

まず、半グレ集団は暴力団に籍を置いていません。

そのために暴力団対策法の適用を受けずにすむし、地方自治体が定める暴力団排除条例の対象外にもなります。半グレ集団は公共住宅にも住めるし、その気になれば公共工事の下請けや孫請けにも参入できます。

民間のマンションでも部屋を借りるとき、書類に「暴力団に関係していない」に○《マル》をつけて、障りになりません。まちがっても後で「私文書虚偽記載」などの理由で警察から事情を聞かれる心配はないし、何より検挙を恐れる必要がありません。

事実、彼らは暴力団のメンバーではなく、暴力団に関係してもいないからです。

二番目の特色としては、半グレ集団の持つ匿名性や隠密性が挙げられます。

暴力団は相手に直接・間接的に自分を暴力団組員と認識させることで威迫や恐喝を行います。暴力団は名前や顔を知られることで「男を売る」商売です。対する相手が自分を暴力団の組員と知らなければ、相手は「何をするか分からない奴」と自分を恐怖せず、自分の持つ力も信じません。

従って、自分が組員と知らない相手を恐喝しても、相手から所期の金品やサービス、機会を提供させる確率が低くなります。ヘタをすれば、相手が恐喝者を暴力団組員と知らなかったために、逆に警察に通報される危険性も高まるのです。暴力団の組員であるなら相手は「後難」を恐れますが、一般人なら後難や「お礼参り」を恐れる必要がないからです。

他方、半グレ集団は所属の団体やグループ名を相手に知られる必要がありません。たとえば、関東連合ＯＢが経営するダンス・クラブでコカインやＭＤＭＡを売るにしても、売り手が関東連合OBの系統だから、薬物の純度が保証されたも同様という評価はあり得ません。

逆に誰が売っているのか、買い手に分からない方が警察の摘発を免れる最低条件になるのです。

アンダーグランドの商売

半グレ集団が営む商売（「シノギ」）の種類にもよりますが、だいたいメンバーやグループの名、経歴、所在地などいっさいの情報を隠した方が、シノギがスムーズに行える可能性が高まります。

たとえばオレオレなどの振り込め詐欺や出会い系サイトの運営、偽造クレジットカードの使用、ネットカジノ、ネット利用のドラッグ通販、ペニーオークション（注・開始価格や落札価格が異常に安いインターネットオークション。その代わり入札一回ごとに七五円などと手数料がかかり、落札に夢中になると、手数料の支払いが巨額になる）の運営などを考えてみれば、秘匿性や匿名性が半グレ集団の商売の必要条件であることは明らかです。

半グレ集団のシノギはどこかに詐欺的な部分が含まれていますから、利用者からのトラブルを回避するためには自分の正体や連絡先を隠すことが不可欠です。暴力団のシノギはこわもて風ですが、半グレ集団のシノギは一見紳士的、知能的、詐欺的です。半グレ集団も時には恐喝する場合がありますが、総じて何食わぬ顔をした詐欺が、彼らの犯罪の基調になっています。

犯罪者は誰でも自分が犯罪に手を染めたことを人に知られたくないと思っています。もちろんヤミ金の経営などでは、どういう業者がお金の貸し手であるか、利用客に認識される必要があります。そういう場合でも後々利用客に反撃されないよう、相手に知らせるのは店名と携帯電話の番号だけといった風に、自分の属性を極力隠すよう努めています。また自分の正体を隠すことが警察に逮捕されず、服役しないですむ必須の条件でもあるわけです。

三番目は暴力団の構成員に比べて、半グレ集団のメンバーは二〇~三〇歳代、年長でも四〇歳代までと年齢層が若いことが挙げられます。

関東連合ＯＢがその典型例なのです。ほとんどのメンバーが、一九八〇年代半ばに始まるバブル景気を知らない世代で、平成不況や失われた一〇年、二〇年の申し子たちと言えます。

そのせいなのか、カネにはシビアでドライです。老人や社会的弱者から「命ガネ」を奪うことをためらいません。ゲーム感覚で人殺しをするような不気味さを持っています。総じて信じられるのは仲間うちだけ、特定の先輩だけといった閉鎖性があります。とりわけ暴力団組員は信用しませんし、自分がお金を持っていることを極力人に見せまいとします。

また半グレ集団の多くは、生まれながらにしてゲームセンターやテレビゲーム、ファミコン、パソコン、インターネット、携帯電話などに取り巻かれて育ってきました。若さが持つ脳の柔軟さや器用さ、技術などもあり、ネットやＩＴ技術、金融知識などを容易に身につけ、自在に使いこなす者が多いのです。そのためインターネットやＩＴ関係で新しいシノギを見つけ、創出し、採用して活用することに優れています。

もともと戦後の暴力団はスキマ産業捜しが得意でした。地上げや倒産整理、債権取り立て、交通事故の示談交渉への介入、競輪・競馬のノミ行為、野球賭博、シンナーや覚醒剤の密売などは、おおよそ彼らが創出したスキマ産業といっていいのです。違法であり、一般人が容易に提供できないサービスを彼らが提供することでシノギとしてきました。

近年、新しいシノギはネットやIT関係から生まれるケースが多いのですが、それらの分野で先鞭をつけるのは半グレ集団であって、暴力団ではありません。年齢層が高い暴力団はどうしてもシノギ探しで後手になりがちで、結果的に新しいシノギの分野を見つけられないでいます。

バブル景気に沸《わ》いた時代、暴力団組員に大金をもたらした地上げは、長引く不況で土地が動かないため、完全に過去の話になりました。株式市場での株価もよくて横這いですから、まず株高という浮利を暴力団にもたらしません。かといって、信用取引で売りから始める取引をしても、株価は読めませんから、大きな損を負うことになります。FX（為替取引）も先が読めない点では株価以上ですから、損を被る組員が多いのです。

目先を変えても組員は儲けられませんから、しかたなく伝統的なシノギというべき覚醒剤取引、情婦を使った管理売春、闇カジノなどでの賭博開帳、飲食店などからのみかじめ徴収などで食いつないでいる現実があります。

伝統的シノギへの回帰とはいっても成算があることではなく、しょうことなしの縮小です。暴力団は新シノギの面でも創出力を失い、半グレ集団の後塵を拝する立場にはまり込んでいます。時代に即応したシノギを見つけられませんから、暴力団の中でもとりわけ末端層が貧窮にあえぐのは当然といえます。

四番目はこれに関連して、新規の若手志望者は暴力団で激減、半グレ集団で増大という傾向があります。かつて暴走族やヤンキー、チーマー（ストリートギャングを模倣した不良グループ）などは、多分に暴力団予備軍と見られていました。彼らはほぼ二〇歳を境に暴力団に進むか、堅気として一生を暮らすか、厳しく選択を迫られましたが、今は関東連合ＯＢに見るように、暴力団の手前に半グレ集団というダムが都会の随所にできています。

思い切って暴力団の世界に飛び込まなくても、半グレ集団で十分といえます。たとえ半グレ集団に入って芽が出なくても、堅気に戻るのは半グレ集団の方が簡単です。暴力団から脱退するとなったら、半殺しの目に遭います。

新規加入者がいないため、長い間、同じような顔ぶれが同じように、「先輩―後輩」関係のまま結ばれ、暴走行為を繰り返す中で仲間意識を育むしかなかったのが今の暴走族ＯＢです。暴走族、あるいはそのＯＢが強固な結束を誇るようになったのはごく自然であり、それが暴走族をして暴力団から離れさせた理由にもなりました。

今、暴力団は懐がさびしく、若い者に対していい格好をしたくてもできない現実があります。そのため組員は格好が悪い、憧れの対象にはならないと半グレ集団側は受け取ります。

彼らにとっては、「親分―子分」関係でギリギリに縛られるのも耐え難いことです。親分が黒といったら、白いものでも黒だとすることはナンセンスです。集団統制され、毎月組事務所に月の会費を持って出かけるのも気が進みません。組の看板のおかげでシノギができると感謝する気持ちにはなれないのです。

組に入ったところで、警察に目をつけられ、暴力団であるが故の不利益をこうむります。何が悲しくて自分が暴力団に入らねばならないのかと拒否反応が出るのは十分理解できます。

入団の条件とは？

これまで暴力団に加入する層としては暴走族のほか、前述しましたが、非行化して感化院（現、児童自立支援施設）や少年院、少年刑務所に送られ、そこで知り合った者から勧誘されたり、街で遊ぶうち、組員と知り合い、彼を兄貴分と仰いで組事務所に出入りし、そこで説得されたりなど、さまざまなルートがありました。

加入者の出自は暴走族、親の手に余る不良少年、番長、被差別部落の出身者、在日の韓国・朝鮮人などであるといわれていましたが、謂《いわ》れなき差別がよくあった時代には、暴力団に就職するしか他に就職先がないといった必然性や切迫感もありました。しかし、今では多くの者が望んでも正社員にさえなれない現実があります。

若くしてネットカフェ難民やホームレスになるのは、そのような出自を持っているからではありません。大卒でも一流会社に入社していても、運悪くリストラされれば、ホームレスになる危険を抱えています。社会全体に窮乏感と閉塞感がみなぎっていて、個々の差別など問題にもしない現実があるのです。

暴力団に就職する気持ちで加入したり、任侠道を信じて加入すれば、すなわちその者は変わり者であり、加入はその者の趣味の問題と片づけられます。

対して半グレ集団への加入には多様なルートがあります。というより、犯罪に手を染めるあらゆる者が半グレ集団に入る可能性を持っているといった方が適切です。

多少とも朱に交われば赤くなるわけですから、単独犯行はグループ犯行に走りやすく、類は友を呼んで、犯行者はグループを結成しがちです。

この意味で半グレ集団は自然発生的に結成されていきます。暴力団のように目的意識的ではないのです。

不祥事を伝える最近のニュースだけによっても、暴走族ＯＢの他、力士や元力士が半グレ集団として挙げられます。

二〇一〇年夏、日本相撲協会は力士たちによる野球賭博が発覚して大きく揺れました。賭博で仲介役を果たした元力士や床山たちは警視庁の家宅捜索で携帯電話を押収され、その記録から事件が追跡調査されたのです。携帯電話は着・発信記録や電話番号簿など情報の宝庫です。たとえ電話の持ち主が記録を消去したとしても、電話会社には一定期間、記録が残されます。

警視庁は長期間、捜査して、ようやく一一年一月末、賭博開帳図利容疑で元十両力士(三四)などを逮捕しましたが、逮捕者の中に暴力団の組員はいません。元相撲取りとその家族がいるだけです。二〇〇九年に病死した弘道会系の組幹部は野球賭博に関与していても、彼の死後、生きた組員は野球賭博に一人も関与していませんでした。

賭博の開帳図利とは、賭博の胴元になることです。前述しましたが、賭けに参加した人からテラ銭を取ります。したがって賭博にかかわりますが、絶対損をせず、儲かる立場なのです。

賭博の開帳図利は暴力団の中でも博徒の専権事項であり、堅気の人間が手を出すなどは論外です。仲間うちで麻雀をやり、勝ったり負けたりのレベルとは違うのです。博徒がこれを見つけたら、その者を捕らえ簀巻《すま》きにして川に放り込むぐらいの制裁を加えます。

そういう賭博の開帳図利に、ぐれてしまった相撲取りが平気で手を出します。相撲取りに限った話ではありません。広く堅気、つまり一般人の間で不良化、半グレ集団化が進んでいます。もちろん堅気の全部ではなく、その中のごく一部なのですが。

たとえば振り込め詐欺の主宰者や、電話で演技して高齢者を騙し、カネを引き出している若者たちの大半は組員ではなく、堅気です。暴力団が振り込め詐欺に関係したとしても、せいぜいケツ持ち（後見人、用心棒）か、道案内程度に過ぎません。

半グレ集団への加入は広く一般人に開かれています。半グレ集団に加入する機会は無数にあります。

一例なのですが、「パチンコ関係の教材、雑誌の販売」という求人広告を見て応募したところ、パチンコのインチキ攻略法を売る詐欺会社だったという人がいます。その会社でやらされたことは、電話を掛けてきた客にインチキ攻略法を売り込むか、言を左右にしてクレーム客を丸め込むか。どっちに転んでも詐欺の片棒担ぎだったということなのです。

使える社員として詐欺に従事し、早晩、逮捕されるか、それとも詐欺に従事するのは嫌だといって、会社を辞めるか。逮捕された社員は警察から身柄を放された後、これから先何で食べていくのか、そうだ、パチンコ攻略法がらみの詐欺なら体験もある、ノウハウも知っている、人脈もある。いっそ自分でやってやろうか、と新しく詐欺的な攻略会社を創業するかもしれません。

身近なところに半グレ集団への落とし穴がポッカリ口を開けています。たまたまそこに入った後、目をつぶって犯罪を手伝うか、拒否して会社を辞めるかは個人の考え次第です。

背景にあるのは暴力団の力の衰えです。

反社会的勢力は最近「反社」と略されるほど広く普及している概念ですが、反社の代表といえるのが暴力団だったことは間違いない事実なのです。反社の中でも暴力団が一番有力で、幅を利かせていました。他の反社勢力はつねに暴力団の顔色を窺わねばならなかったのです。

早い話、総会屋はかつてそれ自体が独立した業態でしたが、早い時期に暴力団に制圧・吸収されて、その後、総会屋といえば暴力団系総会屋であることが当たり前になりました。暴力団系でない総会屋など考えられない事態になったのです。

そういう総会屋も警察に個別撃破され、ほぼ消滅しました。

暴力団が怖れる集団

しかし、こうした総会屋とは逆に、他の反社の中には暴力団という押さえの組織の消失を見て、好き勝手に不法利得行為、つまり半グレ行為に手を出し始めるものが出てきました。

力士による野球賭博の開帳図利もその一例です。反社の中でもとりわけ半グレ集団が目立ちます。

とはいえ、半グレ集団は暴力団に取って代わることはできません。暴力団は擬製の血縁関係をもとにピラミッド型の組織をつくりあげ、全国に勢力を伸ばし、また土地ごとの有力組織と友誼関係を結んで、日本の全地域を結ぶネットワークを完成しています。

暴力団は組織化の完成型であり、半グレ集団がたとえマネしたくてもマネできるものではありません。

だいたい組織を律する理念が根本からちがいます。半グレ集団の犯罪は蛸壺型の個別出撃で行われます。他の半グレ集団と協働することは皆無ではないまでも、単に犯罪によりそのメンバーが経済的にしのげれば、それでよしとするのが基本です。

生活者的であり、犯罪の拡散化ともいえます。もともと同業者とのネットワークという考えは半グレ集団にはありません。何かの権益を握るわけではないのですから、集まってもメリットはありません。集まれば、目立つだけ損なのです。

そして、これが先進諸国における組織犯罪のあり方としてはふつうです。たとえば英、独、仏といった国には日本の暴力団やイタリアのマフィアのような犯罪のデパートじみた組織はないとされています。あるのはヘロインの密輸や宝飾品専門の強・窃盗、人身売買、銀行強盗、クレジットカードの偽造、金融犯罪など、それぞれに特化した専門的な組織だけなのです。

つまり「犯罪者集団＝半グレ集団＝半グレマフィア」だけが存在します。香港の一四Kなど三合会は、日本の暴力団に似かよう組織と見られがちですが、実態はメンバーのそれぞれが各自得意とする犯罪で収益を上げているだけです。その事実が上層部に報告されることもありません。山口組の若頭が何をどう考え、どう指示を出したか、などが組織を通じて伝達される日本の暴力団とは大ちがいです。

こうしたことで日本でも個々ばらばらの形ではあっても、半グレ集団が各地に叢生《そうせい》し、暴力団と対決する局面が生まれています。

そのような場合、半グレ集団が暴力団を圧倒する場合があります。

たとえば暴力団組員に故意にケンカを売ります。組員が怒り、殴りでもしようものなら、「逆《さか》ねじ」を食わせます。

「俺たちは堅気だ。ヤクザが堅気を殴ってタダですむと思っているのか。出すものを出せ。出さないんなら、『使用者責任』でお前の親分を裁判に引っ張り出すぞ」

組員としては組長に迷惑は掛けられません。警察に「不良に脅されました」と被害届も出せません。泣く泣く要求額を払う結果になります。

使用者責任は民法と暴力団対策法に定められています。組員が人を殺傷したり、恐喝したりすると、被害者は、加害の組員に対しては当然ですが、同時に、組員が所属する組のトップに対しても損害賠償を求めることができます。組員はどうせお金を持っていません。持っていても持っていないというかもしれません。しかし組長なら持っていますから、損害賠償請求に応えられ、実際に賠償金を支払います。

組長は使用者責任を問われても、刑事ではなく民事ですから、お金を払えばすむことです。刑務所には入らずにすむのですが、全国あちこちから「使用者責任」で裁判を起こされることに戦々恐々としています。

このこともあって、山口組では傘下の組員に山口組の名刺は使うな、廃棄せよなどと言っているのです。こうした表面的な山口組隠しが法的に有効だとは信じられませんが、組長の使用者責任裁判を少しでも減らしたい一心なのです。

半グレ集団の中には少数ですが、暴力団系も存在します。ですが、大半は暴力団とは距離を置いていますから、暴力団に対する暴力団対策法のように、半グレ集団を有効に取り締まる法律は存在しません。

そのくせ現在、一般人が受ける被害は、振り込め詐欺やヤミ金被害に窺えるように、むしろ半グレからの被害の方が大きい可能性があります。

半グレでいつづけるかぎり、法令の扱いは一般人、堅気ですから、それなりに人権を擁護されます。同じ罪名の判決でも暴力団と半グレとの間には量刑にかなりの差があります。

つまり暴力団は割に合わない稼業になりつつあり、半グレが割に合う時代に入ってしまったのです。

第七章　出会ったらどうしたらよいか？

「女々しい性格」と対処法

暴力団員は特有の考え方をします。

ふつうは男っぽい人たちと思われているのでしょうが、意外にも暴力団をよく知る人たちは「女々《めめ》しい性格」と言います。これは女性に対して申し訳ない表現なのですが。

たとえば、暴力団Aが一般人のBさんにCさんを紹介したとします。最初に引き合わされた後、BさんがCさんに直接連絡して会うことは暴力団の感覚では禁じ手です。BさんはA組長も忙しいだろうから、これしきのことでA組長を煩《わずら》わしてはと、直接Cさんに電話を入れたのですが、そういう理屈は通りません。引き合わされた後も、あくまでもBさんはA組長を通してCさんに会うべきなのです。

Bさんが直接Cさんに連絡したからといって大ごとになることは滅多にないでしょうが、何かの折りにA組長はBさんに「Cさんに会ったんだって？」と、やんわりその非を指摘します。関東人は紹介された以上、直接連絡方式を取ると思いますが、暴力団でなくても関西人はいくぶんか、間接連絡方式を選ぶ傾向があるようです。

総じて暴力団は誰それさんについて、「自分はあんたより前に彼を知っている」という事を重視します。一般人は、誰それさんを知ったのが、あんたより前だろうと後だろうと関係がなく、「今その人とどういう関係なのかが問題なのだ」と考えるのがふつうですが、暴力団はそうではないようなのです。人との関係を排他独占的に所有できると考え、私物視する人柄はおよそさばさばしていません。すっぱり竹を割ったような気性とは無縁です。

人脈パイプの重視ということなのか、こうした流れにお金がからむとさらに大変です。前の例でいえば、BさんがCさんと親しくなった後、何かやってもらい、Cさんにお礼をしたとします。この場合、Bさんは、Cさんを最初に紹介したA組長にもお礼をしなければなりません。後々まで紹介料や口利き料は生きていくのです。

暴力団と個人的に親しくなることはあまりないとは思いますが、たとえば子供のころ同級生だったとか、同じクラブに所属していた子が暴力団になり、成人した後、親しくなることもあるはずです。

暴力団と個人的に関係するとき、まず注意すべきは暴力団と一般人の線引きです。まちがっても「朱に交わって赤くなって」はいけません。暴力団風の服装や装身具、言葉使いなどは厳禁で、暴力団に向かって「兄弟」「兄貴」と呼ぶなどは絶対論外です。あくまでも自分は堅気の人間だと自覚し、行動しなければなりません。そうでないと大けがをします。

暴力団組員とは知らずに交際し、後で組員と知った場合ですが、薄情なようですが、交際をすぐに止めた方が賢明でしょうね。暴力団との交際が一般人の利益になることはまずありませんから。なぜ急に交際を止めるんだ、と詰問されたら、「知り合いの警察官に、交際を止めるよう注意されたんだ」というように答えておけばいいでしょう。組員の鬼門は警察ですから、それ以上ゴチャゴチャとは言わないはずです。

暴力団は労働するのか？

暴力団はオモテ経済に寄生する存在です。だからオモテ経済が振るわない現在、ウラ経済である暴力団が窮乏化するのは当然といえます。

また暴力団は「負のサービス業」、もっと言えば「悪のサービス業」です。覚醒剤の密売を考えてみて下さい。「悪のサービス業」そのものです。売った組員も買ったお客も罰せられます。野球賭博、管理売春などもみな「悪のサービス業」ですが、債権取り立てや地上げはどうなのかと聞かれるかもしれません。

貸したお金を返してもらう使者として、弁護士が出かけて借り手と交渉しようが、組員が出かけて交渉しようが同じことなのだという理屈が成り立ちそうです。これは判断が難しいところですが、弁護士法七二条は、「弁護士でない者が弁護士業務を行ってはならない」とし、その違反は二年以下の懲役または三〇〇万円以下の罰金と定めています。つまり組員が債権取り立てを行うことは「非弁活動」といって法律違反に当たるのです。

では、違法だから「悪のサービス業」と決めつけるのか、と反論されるかもしれません。ならば、「悪」は言い過ぎで、せいぜい「負のサービス業」という意味合いかもしれません。しかし、確固たる法律違反なのです。

組員が債権取り立てをする場合、組員への謝礼は「折れ」といって、借り手が貸し手に返したお金の半分か、半分以上であることが、取り立てを依頼する者の常識になっています。つまり謝礼額は五〇％以上です。弁護士に取り立てを頼んだ方が安くつくのか、高くつくのか、そのケースにもよるでしょうが、少なくとも安くはない額のこうした裏のカネが、暴力団を養うことにつながっていきます。

交通事故の示談介入や倒産整理屋、地上げなども同じように暴力団対策法などで禁じられていきます。何しろ暴力団は威迫力を持っていますから、なまじな弁護士が交渉するより話が早く解決することがあるとは言えそうです。

しかし日本では、国民が暴力行為を国家（警察や自衛隊や裁判所）に預けていますから、国民自身が暴力を使うことは禁じ手です。だから暴力団を使ったり、暴力団に仕事を依頼したりすることは禁じられるという文脈になります。

そういう社会の中で暴力団は暴力を手放さず、自分や配下の組員に暴力を使わせます。サッカーではゴールキーパー以外、手を使ってプレーしてはいけません。暴力団はキーパーでもないのに一人だけ手を使う人なのです。違反だ、悪だ、レッドカードだ、と退場を命じられるのは当然でしょう。

暴力団は額に汗する労働を嫌い、軽蔑している人たちです。

彼らの悪口に「市場《いちば》のマークが入った帽子でもかぶり、大根でも売りやがれ」という言葉があります。八百屋さんや青果商の方が聞いたら激怒するでしょうが、これが彼らの感覚なのです。暴力団から見ると、まともに働く人たちは、自分たちの食い物になるしかないバカであり、落ちぶれた人たちなのです。

そのため生産的な活動をいっさいやりません。せいぜい「悪のサービス業」に従事するだけです。まともな人、一般の社会人は違法な行為に手を出しません。

言いかえれば暴力団は違法な行為や活動をあえてやっていくことにより、まともな業者と比べて競争力を持ちます。早い話、産業廃棄物の運搬で産廃を中間処理場や最終処分場に運ばず、山中の谷間に投げ捨てれば、それだけ処分の経費が掛からないのですから、まともな他業者に比べて、競争力を持つことは当然です。

自然環境が汚れようと、ダイオキシンが撒き散らされようと知ったことではない、自分たちだけの儲けになればそれでよし、と考えている横着者なのです。

懲役はハクになるのか?

このように暴力団は考えが短絡的ですから、刑務所とシャバの間を行ったり来たりしています。生涯の半分は刑務所の中という組員も珍しくありません。

長期の懲役に行ったこと、あるいは何度も服役を経験したことを自慢する組員もいます。それしか自慢するネタがないからです。

こういう組員は暴力団の世界でも「懲役太郎」といって表向き立てられながらも、陰で悪口をいわれる存在です。懲役に行くしか能のない奴と軽んじられるわけです。

また懲役に行くことを税金を払いに行くという組幹部もいます。ふだん税金を払っていないから、たまに刑務所に入って税金を払うという考え方なのです。

これを聞き、唖然《あぜん》とする一般人は多いと思います。あんたが刑務所で寝泊まりして、日に三度の飯を食えるのは一般人が税金を払っているからで、あんたが所内でほそぼそと労役したカネであんたが食えているわけじゃないんだよ、あんたが服役して税金を払うんじゃなく、税金が服役中のあんたを食わすことになるんだよ、と。

総じて税務署は取りやすいところから税金を取り、面倒な人は避けて通ります。だから暴力団で税金を払っていない人が多いのは事実ですが、中には、税務署はその気になると怖いと言って、毎年なにがしかの額を納税している組幹部もいます。シカゴのマフィアの大ボス、アル・カポネが最後、脱税で服役したことは有名ですね。

暴力団は多少とも逮捕や服役を繰り返していますから、その度に生活はぷつんと中断されます。逮捕と同時に家宅捜索されますから、手帳や日記はつけられません。押収されると、他の組関係者や自分のスポンサーに迷惑をかけてしまうからです。痛《いた》し痒《かゆ》しなのは携帯電話です。携帯電話のおかげで電話番号を記憶する苦労からは免れましたが、そのかわり携帯の通信記録や番号簿から人脈の全容を警察に把握されてしまいます。携帯電話をシノギ関係、組関係、個人関係と三、四台使い分けたり（突然、家宅捜索があれば、急いでシノギ・組関係の電話をトイレに投げ込み、水につからせて、入力データを復元不能にします）、姓名を愛称や略称で入力しておくなど、組員の方もそれなりに工夫しています。

逮捕されて、服役すれば、奥さんは子供を養うために働きに出なければなりません。働き場所として一番手っ取り早いのは、水商売です。しかし、水商売では、つい奥さんもふらふらと他の「格好よい」男になびきがちになります。

そのせいもあって、暴力団組員の離婚・再婚は異常なほど高率なのです。

もちろん、このような調子ですから、生涯計画など立てられる道理がありません。逮捕され、服役する度に自分の人脈やシノギ、事業計画など、たいていのことが中断されてしまいます。奥さんにも逃げられ、子供の心も離れてしまいます。介護が必要な親の面倒も見られません。

このように考えてみれば、決して割に合う商売とは思えませんが、それでもこの道に迷い込む人たちはいるわけです。

こうした暴力団組員はどういう性格の人が多いのでしょうか。前にも登場しましたが、『病理集団の構造』の岩井弘融は、組員の特性の一つとして、瞬間的感覚と短絡的快楽主義を挙げています。

「彼らに接する場合、その殆んどが刹那的、瞬間的な生活態度を有しているのに気付く。……過去は、思い出したくもない。さらに、未来といえば、今夜にも殺されるかもしれない。未来なんかは、どうでもいい。一年さきに百万円を約束されるよりは、いま一万円もらったほうがよっぽどありがたい、というのがその基本的な考え方なのである。……現在ただいまの瞬間的な感覚で生活し、つぎの瞬間の生き方はサイコロの目の偶然に託するといった調子なのである」

刹那主義ですから、そのときがよければ、それでよいのです。そのときどきをくぐり抜けることができれば、友人から強奪するようにお金を借りても後悔しません。後々の返済など、そのときになった時点でまた考えればよいことだとして、結局はお金を借りた事実そのものを忘れてしまいます。

だから暴力団にお金を貸すなどは論外なのです。貸しても返してくれませんし、一度貸せば、その後も貸せと言われ続けます。最初から貸さないのが一番です。

しかし暴力団の方はお金に詰まったときには大変です。銀行は貸してくれませんし、サラ金も無理です。審査が通らないので、クレジットカードも自分名義のものはほとんど持っていませんから、キャッシングもできません。頭を下げて仲間に借りるか、質屋に時計などでも入れるか、暴力団の幹部が経営するような「マチ金」でお金を高利で借りるしか手がないのです。

暴力団はお金に詰まると、徹底的に詰まります。

たとえば明日までに一〇〇万円用意しないと、自分が組にいられなくなる、今までの仲間から追い込みをかけられ、自分の奥さんが借金を背負わされて、ソープランドで働かなければならなくなる、痛い思いをして手の指を飛ばさなければならなくなる……といった切迫した状況に陥《おちい》れば、周りの一般人にどんなに迷惑をかけても平気でいられます。

なぜなら、「自分はお金で苦しんでいる。周りの人も自分と同じ程度にお金で苦しんでいい。自分にはそうする権利がある」というように考えるのではないでしょうか。そうとでも解釈しないと、あの蛮行《ばんこう》は理解できません。

苦境は暴力団と一般人との財の区別を取り外します。彼らは半狂乱になりますから、常識では考えられないような行動も取ります。強盗どころか、人殺しだってするでしょう。

こうした意味で、「暴力団は悪い暴力団ばかり」は真実かもしれません。悪い状況に立ち至った暴力団は、悪い暴力団にならざるを得ませんから。なぜかというなら、暴力団は日々そういう生活態度を選んでいるからです。

暴力団のタブー

今後、暴力団の命数はかなり短いのではないかと思われます。まだまだ上層部は富を誇っていますが、中堅層以下が経済的に疲弊していますから、そう長くは上層部の贅沢を支えきれません。暴力団は土台から崩れ始めています。

そうなると、どうなるのでしょう。今、暴力団と犯罪者はちょっと違います。暴力団は各種の犯罪を担いがちですが、現行の法律では暴力団イコール犯罪者ではありません。

それに暴力団にはある種の美学があり、強盗や窃盗やスリ、人を誘拐して人質にし、それによる身代金の強奪など、人の財物を直接、かつ物理的に奪うことをよしとしませんでした。

それに暴力団組員が組員を殺すことについては悪いこととは思いませんが、暴力団が一般人や警察官を殺すことに対しては一種の禁忌《タブー》を持っていました。

暴力団には人気商売の要素もありますから、世間の評判を悪くするようなことはやりたくないのです。

現実には組員による強盗・窃盗事件や身代金事件も起きていますし、一般人に対する殺傷事件も起きていますが、彼らの理念としては本来やらないほうがいいことなのです。

暴力団の組によってはその他、組員が覚醒剤や麻薬の密売に手を出すこと、女性に売春させて稼がせることも禁止しています。

暴力団にある程度の美学があることはたしかです。問題はその美学がどれだけ実践されているかですが、ほとんど実践されていませんし、年々単なるスローガンに堕していくだろうと思われます。今後、暴力団の組員は犯罪者そのものになっていくはずです。

今までのシノギでは生活できなくなるからです。

強盗や窃盗をするグループ、詐欺をするグループなら、別に暴力団である必要はありません。組長を頭に立てることも必要でなく、仲間づきあいも余計ごとです。犯罪者は犯罪したことを第三者に知られれば逮捕されてしまいますから、極力、何食わぬ顔をして日常を送ります。犯罪でたいそうお金を儲けたと人にも言いません。言えば損することが分かりきっています。

要するに秘密と匿名、犯罪そのものと言っていい犯罪に生きるのです。彼らはそれぞれ得意分野を生かして、窃盗、強盗、覚醒剤密売、オレオレ詐欺、管理売春、闇カジノ、クレジットカードの偽造・変造、裏サイトの経営など、それぞれに特化していきますから、組織も暴力団に比べれば、ごく少人数ですみます。つまり暴力団は四散して、いくつかの小さな犯罪グループになるわけです。

これをマフィア化ということも可能でしょう。こうした犯罪グループは今すでに存在しています。

しかし、暴力団が彼らについての情報を警察に提供し、摘発に結びつけたなどという話は聞いたことがありません。暴力団はもともと彼らのお目付役ではないのです。たとえ情報を摑んだとしても、警察に通報する義務はないし、また通報したからといって、警察が暴力団にご褒美《ほうび》をくれるわけではありません。

暴力団がなくなると

こうして見てくると、暴力団がなくなるのは恐ろしいことでしょうか。よく暴力団がなくなると悪い人が世の中に拡散する、社会に悪影響を及ぼすから暴力団はあった方がよい、という意見があります。

たぶん、この意見はまちがいです。暴力団が零落して四散し、マフィアになるとはいっても、いきなりシチリアマフィアのような組織は結成できません。検事や裁判官や証人になる人を次々と殺していくような恐ろしいマフィアが生まれるためには特有の歴史と風土が必要です。

メキシコのコカイン・マフィアのように敵対グループを一連の抗争で一〇〇人以上殺すような凶暴性も集中性も爆発力も徹底した貧しさも日本の暴力団にはありません。日本のヤクザ、暴力団の歴史はさほど血腥《ちなまぐさ》くはありません。諸外国の組織犯罪集団と比べれば、基盤を庶民に置いて、どうしようもない、ぐうたらで横着な男たちだけど、愛嬌がないこともないと評される隣人だった時代があります。

犯罪グループはいつでも、どこの国にも存在します。諸外国はそれぞれのやり方で犯罪グループに対処しています。大きな問題は生じていません。暴力団がなくなると、マフィアに変質して大ごとになるという見方は現状を固定化して、現状をよしとすることに通じます。

このように皆でサッカーを楽しんでいるのに、一人だけ手を使って反則して、威張っている人たちには、退場してもらってよいのではないでしょうか。

暴力団を決して特別扱いしてはいけないのです。

もし会うことになったら

以前、暴力団の元幹部からこんな話を聞いたことがあります。

「政治家にはよい政治家もいるし、悪い政治家もいる。商売人にもよい商売人と悪い商売人、両方がいる。警察官にもよい警察官と悪い警察官がいる。しかし暴力団だけは悪い暴力団だけで、よい暴力団はいません」と。

暴力団を体験した人がはっきりと言うのですから、まちがいないかもしれないし、片寄った意見なのかもしれません。

しかし暴力団には悪い暴力団しかいないというのは面白い意見ですね。ところで、これまで本物の暴力団らしい人には一度も会ったことがないという人がいます。

何かトラブルを抱えなければ、暴力団は押し掛けて来ません。遊びの場所で顔を合わせても、相手が暴力団と名乗らなければ暴力団とは分かりません。だから会ったことがないという人は案外多くいそうです。

暴力団に会ったことがない人は、会わずにすんで幸いでした。自ら進んで会うような人たちではないのですから。

たいていの場合、用事があれば向こうから連絡してきます。会って話をすれば、たぶん不快な思いや、あるいは脅えを感じるかもしれません。会わずにすむのが一番の策なのです。

かりに読者が、会社の総務部とか渉外部、あるいはお客様センターなどに勤めていて、どうしても暴力団の組員らしい人と会わなければならなくなったときは、いったいどうしたらよいのでしょう。

逃げ切って会わずにすますという手もあるでしょうが、暴力団は、「お金になる。自分に有利になる」と見れば、とてもしつこい相手ですから、会うまでは何回も電話をかけて来ます。それも嫌ですね。

会わずにすますため、先方が言いたいことを文章にしてファックスで送ってほしいとか、メールに添付して文章を送ってください、などとは言えない場合もあります。そんなことを伝えれば、余計に紛糾する心配があります。

いち早く嫌なことを終わらせるため、会うのも一つの手です。会ったところで読者が暴力を振るわれる危険度はゼロと見て、構いません。組員も何らかの目的を持って来訪します。暴力を振るったら、その目的を達せられず、警察にすぐに引っ張られますから、暴力は振るってこない、と安心してよいのです。

相手が一人で来るなら、読者が一人で会っても構いません。もちろん、二人以上で会ってもいいのですが、トラブルがらみで組員と面談という場面では、胆力というか人間力を見られることも考慮に入れましょう。

「こいつ、ビビってやがる」などと組員に思わせるのは相手を図《ず》に乗らせるし、癪ではないですか。ですから、覚悟を決めて一人で会うのも選択肢の一つです。

会うときには、ＩＣレコーダーなり、テープレコーダーなり、録音機器をテーブルの上に置いて、「お話をテープに録ってよいですか」「録音させていただきます」などと相手の了解を求める方法もあります。相手が「構わないよ」と言ったら、たぶん相手は言葉尻を捉えられないよう慎重な物言いになるはずです。

組員が恐れるのは恐喝や強要の証拠を残すことなのです。

ですから「テープなんかやめな。お宅が形式張ったことをするなら、こっちも態度を変えるぜ。街宣車を出してもいいんだ……」などと言ってくるかもしれません。

広域暴力団はたいてい傘下に右翼団体を抱えています。そういう右翼の街宣車を動員して社屋を囲み、大音量でがなり立てるぞ、という脅しです。

聞き捨てならない言葉です。

「街宣車ですか。それは穏やかな話ではないですね。私では対応できないので、警察官に立ち合ってもらいます。構いませんね」

と、冷静に返す手もあります。

表面的には事態が大ごとになっていくように見えますが、暴力団組員は警察が嫌いだし、なにより逮捕、勾留や服役を恐れています。彼らは、まちがっても「警察官？　上等だ。呼ぶなら呼べ」とは言わないでしょう。

それより、

「あんた、分かってないね。俺は話し合いに来てるんだよ。そんな角張《かど》ったことを言ったら、話し合いが話し合いにならないじゃない？」

などと、向こうから話の方向を修正する可能性が高いと見るべきでしょう。

その上で、暴力団の目的をはっきりさせて、対処することです。

妥協は禁物

要は暴力団に対して、退いてはならないことです。

彼らの世界に「安めを売る」という言葉があります。安っぽく見られるといった意味でしょうが、彼らを相手に安めを売ってはならないのです。手ごわい奴、正面からぶつかることを恐れない奴だと思わせないと、カサに懸《か》かってどんどん攻め込んできます。

妥協することは禁物です。

たとえばあなたが銀行の融資係だとして、暴力団に強要されて融資をすれば、暴力団はその融資を感謝するでしょうか。

逆なのです。その場では大いにありがたがるかもしれませんが、すぐに手のひらを返すようにして、あなたが特別に融資したという事実を逆手にとって脅迫し（つまりあなたが融資した事実があなたの弱味になるのです）、さらなる融資を強要してきます。

このように恩を仇で返す人たちだと知らなければなりません。

一人で会うのが不安なら、弁護士や元警察官ＯＢに同席してもらう手もあります。決定する権限を持つ上司を最初から出すのはよくないでしょう。上司には臆病で、その場しのぎの人が少なくありませんから、そういう人は暴力団の狙い目になります。問題をかえって悪化させる危険があるのです。最初に会うのは、責任者ではなく、現場の社員で行くべきです。

それでは、相手が癇癪《かんしゃく》を起こし、「ヒラの、お前みたいなチンピラじゃ、話にならん。上役を出せ！」と言われたら、どうしたらよいのでしょうか。

要は先方の話の内容次第です。

単なるクレーマーなら、彼は「一消費者」という立場を持っているわけです。暴力団であるかどうかはひとまず置いて、「一消費者」として扱って、対応してやればよいのです。その場合、交渉の最後の締《し》めを上司がやると、その相手が満足して矛《ほこ》を収めそうなら、上司を出して、対応するのもよいでしょう。

相手の要求について、「誰が、どのような権利と名目を持って、主張しているのか」という点を常に見失わないように努めることが重要なのです。

暴力団は「理屈と膏薬《こうやく》はどこにでもくっつく」とよく言います。つまり、暴力団はどんな屁理屈をつけてでも、相手を責め立てるのです。

たとえば、ある暴力団に属する組員が誰かを殴ってケガさせたとします。相手が抗議してきたら、暴力団の組長はこう答えるでしょう。

「おまえんとこの人間が理屈に合わんマネしくさったから、うちの若い者がブタ箱に入らなァならんようになった。この落とし前、どうつけるつもりや」

こうした屁理屈で、加害者が被害者にすり替わるわけです。こういう理屈にもならない理屈を言われて、言い訳したり、へつらうようでは、暴力団の術策にはまったも同然なのです。

断固、世の常識にかなう理屈に立って、相手に言い返さなければなりません。

あとがき

考現学という言葉があります。考古学に対する言葉でしょうが、現代を対象とするにしろ、やや過去に属する事柄をプレパラートに定着して、顕微鏡で覗くようなところがあります。

うっかりすると、暴力団は考現学の対象になりかねません。つまり最後の光芒を放っているのが今であって、やがては消えて行く、それが早くも見えて来たという感じです。暴力団は必要悪だから絶対なくならないと多くの人が信じていたはずですが、暴力団という形のままでは怪しくなってきました。

改めて問います。暴力団は日本の経済を回していく上で絶対必要な存在なのでしょうか。

これまで一番継続的に暴力団にお金を落としてきたのは建設業でしょうが、長らく続いてきた談合による下請けの割り振りも競争入札に切り替わりつつあります。ネットによる入札も広がり、暴力団が入札に介入できる余地は減っています。

それに全国各地で暴力団排除条例が制定・施行され、下請け、孫請けから暴力団系企業は排除されています。工事のどの部分をどこが請けるか、強力な暴力団による交通整理や前捌《まえさば》きの必要性も薄れています。

依然として産廃運搬業や解体業では暴力団系企業への需要があるようですが、それもいつまで持つか疑問です。東日本大震災の後片付けという特需はありますが、警察がすでに警戒の目で待機していますから、食い込める地域は案外少ないかもしれません。

相撲や芸能の世界でも暴力団排除は進んでいます。象徴的な例が山口組幹部との交際を理由とする島田紳助の芸能界からの引退でしょう。事件は暴力団とつき合うと最悪、引退しなければならなくなると、芸能やテレビ業界に強烈なショックを与えました。暴力団からはプラスを得られず、マイナスばかりが大きくて損だ、そういう時代になってしまった、と胆に銘じた芸能人も少なくないはずです。

需要がなくなれば退場していくのが資本主義のルールです。暴力団への需要は減っている感触があります。

残るのは覚醒剤の密売や賭博の開帳図利、管理売春など、今は暴力団が担っている負のサービス業だけではないでしょうか。暴力団はこうしたサービスを、逮捕される危険を冒して、依存症や好き者の市民に提供するわけです。

当然、負のサービス業は暴力団でなくても担えます。逮捕される危険を覚悟し、暴力団の妨害さえなければ、半グレ集団でも暴力団系マフィアでも十分肩代わりできます。

ほかに暴力団がやっているシノギで残りそうなのは顔役やフィクサー業務でしょう。面倒な業界で利害が錯綜しているとき、強力な顔役が起用され、反対者を力尽くで押さえつけないと、ものごとが前に進まないときがあります。トップ暴力団のトップが出てくれば、誰も反対を唱えられないはずです。

顔役に対する需要には根強いものがありますが、これも時代が進むと、有力なボス政治家が取って代わりそうです。暴力団のトップを引き出すのは障りが多すぎる。ボス政治家なら、なにしろもともとは選挙で選ばれているのだから、誰からも文句が出ないという理屈が成り立ちます。

ボス政治家だと生命を脅かすような迫力がない。よって、うむをいわせぬ押さえつけができず、解決までに時間がかかるマイナスが生じるかもしれません。しかし、この場合、時間的な遅れは民主主義の経費と見るべきでしょう。「鬼に金棒」という強硬手段は誰にも許されない時代です。

どうやら暴力団は最後の段階に来ているのではないでしょうか。バブル期の地上げのように暴力団の力を頼みとする時代は今後、二度と再び来そうにありません。今の不景気が当たり前の日常になるのですから、暴力団はよくても右肩下がりを続けます。

本書には暴力団との対比のため、警察もまだ指摘していない半グレ集団にスポットを当てるなど、試論的な一章も含ませました。半グレ集団の登場が暴力団の本質を理解するためにも役立つだろうと考えたからです。

なお、私はもともと社会畑を主とするノンフィクションライターです。最初の単行本が山口組を扱ったものであり、その後、中断はあるものの、山口組関係の本を何冊か出しています。それでいつの間にか「暴力団に詳しい」「山口組ウオッチャー」などと形容詞がつくようになってしまいました。

しかし、暴力団が人間臭い世界だから面白さを感じて扱っているのであって、別に暴力団のファンでも支援者でもありません。

相手が誰であろうと言わなければならないことは言うようにしています。

一九九〇年、山口組五代目組長・渡辺芳則氏についての本を出そうとしたとき、それを知った直系組長の一人である後藤忠政氏（その後、除籍、引退）から電話で、「出してくれるな、初版分の印税は出すから」と言って来ました。

私はもちろん断りました。その前に後藤氏から「俺もヤクザをもう少し続けたい。あんたが山口組について書くときには事前に俺に言ってくれよ。俺のヤクザ生命も考えてくれ」と言われていました。それで私は「山口組に本を出すなと言われて出さず、あげく金をもらったなら、ライター生命は終わりになる。そんな話には乗れない」と電話を切りました。

予定通り、その本を出版しました。山口組は何かやってくるだろうと覚悟しましたが、そうなれば山口組五代目批判の本が売れ、恥をかくのは五代目側だ、とタカをくくることにしました。実際は怖かったのですが。

そうしたら、その三ヶ月後、左の背中を組員に刺されました。犯人は未逮捕なのですが、大阪の山口組直系組から実行犯が出ていることは警視庁の捜査で分かっています。

私は頑固者《がんこもの》です。真実と信じるに足りる材料があれば、ためらいながらも結局は書いてしまいます。面白いのは真実であって、おためごかしやおべんちゃらは、すぐ読者に見破られてしまいます。

私は一九六〇年代の後半から山口組や暴力団を見続けて来ましたが、そろそろ終わりだろうと思っています。暴力団は構造不況業種で、もう行くところまで行き着いてしまったと見ているからです。

なお、本書は、「です」「ます」の文章で、エッセイ風に易しく書いていますが、私としては暴力団ものの集大成のつもりです。今現在、ぜひ読者が知っておいてよい情報、または必要と思われる情報をたくさん盛り込みました。ことによると、この本も遠からず、古きよき時代の話になってしまうかもしれませんが。

二〇一一年八月

溝口　敦

［著者・公式ホームページ］
「溝口敦の仕事」
http://www.a-mizoguchi.com/

溝口 敦　1942（昭和17）年東京生まれ。ノンフィクション作家。早大卒。2003年、『食肉の帝王』で講談社ノンフィクション賞受賞。『山口組動乱!!』『歌舞伎町・ヤバさの真相』など著作多数。

Ⓢ新潮新書

434

暴力団《ぼうりょくだん》

著者　溝口《みぞぐち》　敦《あつし》

2011年9月20日　発行
2011年9月30日　2刷

発行者　佐藤隆信

発行所　株式会社新潮社

〒162-8711　東京都新宿区矢来町71番地
編集部(03)3266-5430　読者係(03)3266-5111
http://www.shinchosha.co.jp

印刷所　錦明印刷株式会社

製本所　錦明印刷株式会社

ISBN978-4-10-610434-3　C0236

新潮新書

068
朝鮮総連
金賛汀

北朝鮮への送金のカラクリ、批判者に対する執拗な糾弾の実態、そして拉致問題で暴かれた嘘……。もはや崩壊寸前の「北朝鮮の手先」、いま明かされるその罪と罰！

072
創価学会
島田裕巳

発足の経緯、高度成長期の急拡大の背景、公明党の役割、組織防衛の仕組み、そしてポスト池田の展開——。国家を左右する巨大宗教団体の「意味」を、客観的な視点で明快に読み解く。

164
日本共産党
筆坂秀世

党財政三〇〇億円の内実は？　宮本顕治引退の真相とは？　鉄の規律、秘密主義。今も公安警察の監視対象であり続ける「革命政党」の実態を、党歴39年の元最高幹部が明らかにした！

290
民主党
野望と野合のメカニズム
伊藤惇夫

彼らは一体、何者なのか？　なぜ小沢一郎が絶対的権力者になったのか？　なぜ右と左が共存できるのか？　カネ、実力は？　誕生の理由から10年目の野望まで、その素顔を総点検。

397
日教組
森口朗

日教組とは何か？　生徒の学力低下、教師の指導力不足の元凶と指弾されてきた、先生たちの労働組合。その思想からこれまでの所業まで、ベールに包まれてきた実態を丸裸にする。